华为人才激活法

蒋 勇 ◎ 著

HUAWEI
TALENT
ACTIVATION

中国友谊出版公司

图书在版编目（CIP）数据

华为人才激活法 / 蒋勇著. —北京：中国友谊出版公司，2021.2
ISBN 978-7-5057-5090-6

Ⅰ.①华… Ⅱ.①蒋… Ⅲ.①通信－邮电企业－人力资源管理－研究－深圳 Ⅳ.①F632.765.3

中国版本图书馆CIP数据核字(2020)第268333号

书名　华为人才激活法
作者　蒋勇
出版　中国友谊出版公司
策划　杭州蓝狮子文化创意股份有限公司
发行　杭州飞阅图书有限公司
经销　新华书店
制版　杭州真凯文化艺术有限公司
印刷　杭州钱江彩色印务有限公司
规格　880×1230毫米　32开
　　　8.625印张　121千字
版次　2021年2月第1版
印次　2021年2月第1次印刷
书号　ISBN 978-7-5057-5090-6
定价　58.00元
地址　北京市朝阳区西坝河南里17号楼
邮编　100028
电话　(010)64678009

目 录

序言：借《华为基本法》构建人力资源思想大厦 / 001

01 从战略层面解读人力资源

人力资源底层逻辑怎样限制华为的战略 / 003

什么样的员工才是财富 / 006

精神文化是公司的立足之本 / 009

价值分配的第一逻辑 / 013

华为独创的成长牵引力循环 / 017

02 把握人力资源中的利益内核

华为的价值创造理论 / 023

基础理论创新：知识资本化 / 028

价值分配的形式 / 034

价值分配应该怎么分 / 039

价值分配合理吗 / 048

03 为人力资源管理体系定基调

人力资源管理的基本目的 / 055

人力资源管理的基本准则 / 060

人力资源管理体制：拒绝终身雇佣制 / 080

内部劳动力市场：双向淘汰的角斗场 / 087

人力资源管理谁负责 / 099

04 明确员工的义务和权利

员工的义务 / 111

员工的权利 / 120

目 录

05 考核与评价的高阶逻辑

人力资源管理的人性基础 / 133

考评体系的框架结构 / 144

06 人才的选育用留

建立合理的人才结构 / 159

发钱的智慧 / 181

科学的用人之道 / 200

不同人才的差异化培养路径 / 221

推动人力资源不断增值 / 230

07 接班人的选择与培养

对接班人的要求 / 245

接班人如何产生 / 255

后　记 / 265

序 言

借《华为基本法》构建人力资源思想大厦

1998年3月，华为对外发布了一个经过任正非深思熟虑的文本化、系统化的思想成果——《华为基本法》。

《华为基本法》从1996年启动，请了人民大学的6位教授（彭剑锋、黄卫伟、包政、吴春波、杨杜、孙健敏，后来被称为"人大华为六君子"）来当顾问，八易其稿，到1998年定稿，用了两年时间起草、研讨和修订。而后便成为当时还年轻的、不那么大的华为公司的发展纲领，涵盖了当时华为的核心价值观与经营管理政策体系，展现出了驱使华为获得巨大成功的基因。

1998年至今，20多年的发展，华为始终没有偏离《华为基本法》规划的基本道路。《华为基本法》是华为发展历史上的一个重要里程碑，从此之后，华为就进入了大规模引入和使用现代管理科学的发展阶段，后来又投入了数百亿元建设管理体系，而这些都是以《华为基本法》为思想基础的。因此，《华为基本法》具有很强的学习价值。

但也有人质疑：第一，《华为基本法》发布已经 20 多年了，是不是过时了？第二，如果我们要学习华为，为什么要学这么老的东西，为何不学现在最先进的华为？

回答是：因为学大企业，要学它小的时候。

如今有很多企业在学华为，但是最后学不会，因为现在的华为太庞大、太复杂了。回到 20 世纪 90 年代，华为还不那么大的时候，大多数企业或许还能学得了。华为也曾迷茫，也曾陷入过困境，它的发展历程、经历的每个重要阶段，都是如今的企业不能回避的。通过学习《华为基本法》，看看华为如何走出那段混乱的成长困境，能帮助我们少走弯路。

《华为基本法》总共一万六千字，分为六章，作为结构化思考的成果，它能够帮助我们迅速在脑海里建立起一个经营管理的思考框架，有效对抗日常庞杂工作带来的混乱。

第一章"公司的宗旨"，确定公司发展战略最核心的内容，搞清楚公司要干什么。

第二章"基本经营政策"，讨论实现公司宗旨的策略，对研发、营销、生产、财务的基本工作逻辑进行了清晰的定义。

第三章"基本组织政策"，探讨华为组织建设的基本原则。华为二十几年的组织设计就是在这一章的框架下展开的。

第四章"基本人力资源政策"，揭示了华为的奋斗者秘诀，打造一支人才济济、骁勇善战的队伍，需要将西方管理科学与中国本土人性结合起来，这是华为人力资源成功的根本。

第五章"基本控制政策"，就是为了确保华为的经营可控，主题涉及质量、预算、成本、流程、项目五个维度,以及事业部的控制和危机管理两个特殊场景。

第六章"接班人与基本法修改",内容就如标题所示,也是《华为基本法》的结尾。

令人赞叹的是,这样一个简洁清晰的结构具有非常强的完整性,基本上涵盖了企业经营管理的全部工作。

然而《华为基本法》是一个非常难阅读的文件。由于文本过于精练,一眼看过去,经常不知道背后要表达的深层次含义是什么。就好比是一个美味的椰子,在没有工具的情况下,很少有人能享受到椰汁的鲜美。

写作本书的动机就是希望能够成为学习吸收《华为基本法》的辅助工具,就像是将压缩饼干泡发一样,让精练的《华为基本法》原文变得更容易理解吸收。

考虑到完整解读《华为基本法》需要很大的篇幅,难以在一本书的容量中探讨完全部内容,所以在必须取舍的情况下,笔者选择优先将广大经营者最感兴趣,也是亟须解决的人力资源主题先系统展示出来。

《华为基本法》第一章第六条里写道:"一切工业产品都是人类智慧创造的。"甚至有企业家说,一切经营问题最终都是人的问题,人的问题是企业经营的第一性问题。解决好人力资源管理的问题,经营管理者才有可能摆脱事必躬亲的尴尬处境,才能带领团队做好其他模块的工作。

但广大经营者在人力资源管理方面存在巨大的误区。很多管理者寄希望于招聘一个优秀的人力资源总监来提升公司的人力资源管理水平,系统解决全部人力资源问题,但实际上人力资源管理工作首先是各级管理者的工作，如果管理者不能建立起自己的人力资源思想体系，再多优秀的人力资源总监，都没法给公司带来真正有意义的人力资源管理的提升。《华为基本法》恰好能在源头上彻底帮我们梳理清楚这个底层逻辑。

《华为基本法》第四章标题叫作"基本人力资源政策"，但是当我们专题审视《华为基本法》的全文时，会发现在其他章节里面也会涉及一些人力资源管理相关的内容。因此为了能够完整理解和吸收《华为基本法》的人力资源精髓，本书突破了第四章的范围，把整个《华为基本法》里对我们吸收人力资源思想有价值的条款都找了出来，并以此为基础进行解读。

与一般性的人力资源管理工具和方法不一样，《华为基本法》中的人力资源思想具有更强的"哲学"属性。通过对这些条款的学习，就能够系统理解华为的人力资源管理底层逻辑，建立起我们思考人力资源问题的基础坐标系统。

期待本书内容能够帮助管理者提高企业人力资源管理的决策水平，帮助大家复制华为的成功基因。

蒋勇

01

从战略层面
解读人力资源

《华为基本法》的第一章"公司的宗旨"整体讨论了华为战略层面的关键问题,这是华为经营思想的"三江源"。这个源头,包含了丰富的人力资源思想,展现了华为对人力资源管理的独特认知。甚至在第九条指出"人力资本不断增值的目标优先于财务资本增值的目标",在战略层面直接将人力资源放到比挣钱更高的位置上。

本章为读者梳理了融合在华为战略中的人力资源思想,读者将会看到人力资源思想如何成为华为战略思想的关键组成部分及怎样对公司经营产生深刻影响。

人力资源底层逻辑怎样限制华为的战略

原文：第一章第一节第一条（追求）

华为的追求是在电子信息领域实现顾客的梦想，并依靠点点滴滴、锲而不舍的艰苦追求，使我们成为世界级领先企业。

为了使华为成为世界一流的设备供应商，我们将永不进入信息服务业。通过无依赖的市场压力传递，使内部机制永远处于激活状态。

1998年3月26日，《华为基本法》发布前，深圳明华国际会议中心的二楼会议室，这一条内容引起了长时间的激烈讨论。

不少华为高层管理者不理解为什么华为"永不进入信息服务业"，他们认为信息服务业是一个很有前途的领域，没有必要在战略上限制潜在的发展机会。他们还提出证据，说世界上很多著名的跨国企业，都是兼营制造业和服务业的，比如国际商用机器公司（（International Business Machines Corporation，简称IBM）就有网络硬件业务和各种信息咨询服务,这样IBM就可以通过服务来促进硬件产品的销售。

在当时看来,这种"硬件+服务"的业务模式是很不错的,可是华为为什么放弃学习先进经验,并且非要给自己划定一个禁区呢?

任正非亲自对这一点进行了解释,他说:"我们决心永不进入信息服务业,把自己定位成一个设备供应商,就是要破釜沉舟,把危机意识和压力传递给每一个员工。通过无依赖的市场压力传递,使内部机制永远处于激活状态。进入信息服务业有什么坏处呢?自己运营的网络,卖自己的产品时内部就没有压力,对优良服务是企业生命的理解也会淡化,有问题也会推诿,这样是必死无疑的。在国外,我们经常碰到参与电信私营化的机会,但均没有参加。当然,我们不参加,以后卖设备会比现在还困难得多,这迫使我们必须把产品的性能做到最好,质量做到最高,成本降到最低,服务做到最优,否则就很难销售。这是欲生先置于死地,这样也许会把我们逼成一流的设备供应商。"

任正非的这一番话,让人醍醐灌顶,豁然开朗。不进入信息服务业并不是这个市场领域本身不好,而是它会妨碍内部机制永远处于激活状态,也就是会妨碍华为的人力资源底层逻辑发挥作用。

我们一直认为人力资源是服务于战略的,很少考虑到人力资源管理逻辑反过来也会对企业战略产生制约,甚至想象不到战略还要因为人力资源管理拐个弯。

把人力资源管理放到战略的高度来对待——任正非的这个思想，20多年来几乎没有变化。2017年6月2日—4日，任正非在上海召开战略务虚会时说："一个公司取得成功有两个关键，方向要大致正确，组织要充满活力。"这话与20年前的《华为基本法》第一条遥相呼应，揭示了华为二次创业硕果累累的最大秘诀——组织活力。其实，《华为基本法》涉及的人力资源相关条款都在围绕如何让组织充满活力而展开。

"使内部机制永远处于激活状态"，是蕴含在基本法中的人力资源管理最底层的逻辑。每家企业都可以对照这个逻辑，看看自己公司有没有未被激活的领域。

比如有些企业，销售过程中需要客户经理与售前技术支持团队共同开展工作。但是公司机制中只有客户经理考核销售指标，售前技术团队只评价其技术水平，不承担销售指标。这时候，售前技术团队就是未被激活的状态，客户经理就会感受到与售前技术团队配合工作很困难，客户的需求总是得不到有效回应，方案设计总是非常缓慢，售前工程师总是抱怨加班太多，等等。

任何企业，只要有某些领域的部门或人员未被激活，就会表现出类似的工作疲态。这些问题就是人力资源管理需要面对和解决的问题。我们将从《华为基本法》之后关于人力资源主题的条款里，探寻到解决思路。

什么样的员工才是财富

原文：第一章第一节第二条（员工）

认真负责和管理有效的员工是华为最大的财富。尊重知识、尊重个性、集体奋斗和不迁就有功的员工，是我们事业可持续成长的内在要求。

员工紧跟在追求之后，这样的安排并不是随意的，而是显示了华为对员工价值的认知：实现企业追求，第一重要的要素是"员工"。

企业最大的财富是员工。几乎每家企业都是这么说，但很少有企业真的这样做。

华为不一样的地方在于，它在"员工"这个词前面加了一个限定词，叫"认真负责和管理有效的"。也就是说，不是工资表上的所有人都算财富。如果要成为企业的财富，员工需要做到"认真负责"，否则就会成为企业的累赘与负担。

员工做到了"认真负责",那企业需要做什么呢?

跟"认真负责"相匹配的,是企业"管理有效"。不然,即便招来的员工都是"认真负责"的人,企业若没有恰当的管理机制来确保对员工的有效管理,就无法保证让员工变成公司的财富。为此,华为建设了世界上最优秀的人力资源管理体系,系统地运用了大量最先进的人力资源管理工具,比如任职资格管理体系、个人事业承诺(Personal Business Commitment,简称PBC)等。

此外,要想有效管理员工,必须处理好一组矛盾,就是尊重个性与公司集体奋斗之间的矛盾。因此华为提出,"尊重知识、尊重个性、集体奋斗和不迁就有功的员工,是我们事业可持续成长的内在要求"。

任正非对这段话的解释是:"华为公司容许个人主义的存在,但必须融于集体主义之中。"

不尊重知识,不尊重个性,就没办法团结优秀员工;而不集体奋斗,公司就是一盘散沙。

这个原则在大多数时候都容易坚持,但是在面对"有功的员工"的时候,容易出现问题。有太多企业老板被指责"飞鸟尽,良弓藏;狡兔死,走狗烹"。到底要如何对待有功的员工,这是个令人头痛的问题。这里说"不迁就有功的员工",一句大白话就解决了无数企业家的困扰。只要从事业可持续成长的内在要求来考虑问题,逻辑就变得简洁清晰了。在竞争激烈的市场环境下,为了保持竞争力,企业不应该迁就历史功臣,要做一个道德先锋。

在有效管理的情况下，认真负责的员工是公司最大的财富。如果这个命题是成立的，那么管理好这笔最大的财富，就是管理者的基本职责。公司最大的财富你都不管，还管什么？

精神文化是公司的立足之本

原文：第一章第一节第四条（精神）

爱祖国、爱人民、爱事业和爱生活是我们凝聚力的源泉。责任意识、创新精神、敬业精神与团结合作精神是我们企业文化的精髓。实事求是是我们行为的准则。

认真负责和管理有效的员工是企业最大的财富，是我们渴求的。那么接下来的问题是，为什么这样的员工要到华为来呢？怎样才能凝聚一大批华为员工呢？这是我们在人力资源管理过程中，非常容易忽视的一个话题。大多数情况下，人们会想，公司出钱雇用就行。我们必须注意到一个事实，几乎所有公司的员工都是用钱雇来的，但是有多少公司是有凝聚力的呢？员工的劳动关系在公司，心思却不一定。

所以我们需要直面的问题是：如果物质层面的金钱不是公司凝聚力的充分理由，那我们该怎么办？

这时候我们就需要从精神和文化层面去思考。

在华为基本法起草之前,任正非就说:"用建立在国家文化基础上的企业文化,黏合全体员工,集体奋斗,为伟大祖国的繁荣昌盛,为中华民族的振兴,为自己和家人的幸福而不懈努力。"

"企业文化建立在国家文化的基础上",这样简单的道理,很多企业往往容易忘记。不仅企业文化建立在国家文化的基础上,企业也是建立在国家的基础之上的啊!

1996年《华为基本法》出第二次讨论稿时,关于凝聚力源泉的表述还不是现在我们看到的内容。当时是这么写的:"爱祖国、爱人民是我们凝聚力的源泉。"任正非看过之后亲笔在后面加上"爱公司、爱自己的亲人"。他解释说:"只提爱祖国、爱人民是空洞的,我个人的思想是灰色的,我爱祖国、爱人民,但我也爱公司、爱自己的家人,我对自己子女的爱,总还是胜过对一般员工的爱。这才是实事求是。实事求是才有凝聚力。"

"公司一方面必须使员工的目标远大化,使员工感知他的奋斗与祖国的前途、民族的命运是联系在一起的;另一方面,公司坚决反对空洞的理想。"

什么叫反对空洞的理想呢?任正非又具体解释了:"要培养员工从小事开始关心他人,要尊敬父母,帮助弟妹,对亲人负责。在此基础上关心他人,如支持希望工程。平时关心同事及周围有困难的人。修养自己,只有有良好的个人修养,才会关怀祖国的前途。为国家,也为自己与亲人,这是两部发动机,我们要让它们都发动起来。

在当时的情况下,任正非认为这样才是实事求是的,所以他说:"实事求是,合乎现阶段人们的思想水平,在客观上也实现了为国家。"

责任意识、创新精神、敬业精神与团结合作精神——简单质朴的四个词语,勾勒出了华为的文化精髓。《华为基本法》发布20多年之后,我们发现当时提出的华为企业文化精髓,与现在的华为文化仍然高度一致,证明华为是真的这样做了。

依据企业实际情况,帮助员工建立远大而不空洞的目标,建设特点鲜明的企业文化,让员工在这样的精神状态下开展工作,是对公司最大的财富(员工)的保护,这样才能让公司良性发展。

原文:第一章第一节第六条(文化)

资源是会枯竭的,唯有文化才会生生不息。一切工业产品都是人类智慧创造的。华为没有可以依存的自然资源,唯有在人的头脑中挖掘出大油田、大森林、大煤矿……精神是可以转化成物质的,物质文明有利于巩固精神文明。我们坚持以精神文明促进物质文明的方针。

这里的文化,不仅仅包含知识、技术、管理、情操,也包含了一切促进生产力发展的无形因素。

"一切工业产品都是人类智慧创造的""华为没有可以依存的

自然资源，唯有在人的头脑中挖掘出大油田、大森林、大煤矿……"这就非常明确地指出了"人的头脑"是华为所依靠的重要资源，从而与华为强调人力资源管理，进而大力度投入研发、管理和各种无形资产呼应起来了。

"精神是可以转化成物质的，物质文明有利于巩固精神文明。我们坚持以精神文明促进物质文明的方针。"这句话，则准确清晰地确定了物质文明与精神文明的矛盾处理原则。这个原则直接指向的结果就是要强化精神文明，强化人力资源管理。

最后是一句解释性的话语："这里的文化，不仅仅包含知识、技术、管理、情操，也包含了一切促进生产力发展的无形因素。"在这里，文化与精神文明、无形资产基本上是一个意思。

这一条内容充分体现了任正非作为思想家的一面。因为这一条内容是高度抽象的，如果只着眼在日常的经营事务中，是可以永远不讨论、不考虑的。对于一些企业家来说，他们根本没空来考虑这种太抽象的问题。但是仔细斟酌、咀嚼之后，又能感受到这几乎是最高层面的行动指导，华为的核心竞争力正是这些无形的因素！所谓山高人为峰，华为就是依靠人的头脑来构筑战略制高点，以人的智慧来占据产业的"珠穆朗玛峰"。

价值分配的第一逻辑

原文：第一章第一节第五条（利益）

华为主张在顾客、员工与合作者之间结成利益共同体。努力探索按生产要素分配的内部动力机制。我们决不让雷锋吃亏，奉献者定当得到合理的回报。

前面讲了精神文化层面的内容，这里就要涉及物质层面了。一家企业想要生存，必须要获得利益，如果不图利，世界上99%的公司可能都没有存在的必要了。华为也同样。

对于一家企业来说，"利益"是最具有吸引力的话题。任正非曾经说，华为是一个功利集团，我们的一切都是围绕商业利益（任正非，《资源是会枯竭的，唯有文化才能生生不息——在春节慰问团及用服中心工作汇报会上的讲话》，1997年）。

任正非自己也是因为需要钱才创办华为公司的。第一章主要是从一家公司最宏观的角度来谈如何获得利益。这一条就讨论，我们如何对待利益。

有句非常经典的话是这么说的：钱不是问题，问题是没有钱。看起来是一句俏皮话，但很多人真的是这样想的。很多人会认为最麻烦的问题是如何获取利益，而无数的案例都告诉我们，更加严重的问题是如何分配利益。而这恰恰是华为处理得最好的地方。《华为基本法》第五条，是华为在"利益分配"这个问题上，最宏观、最高层级的思想。这一条首先从产业链如何创造利益的角度来考虑利益的问题，并提出"结成利益共同体"。

这里解决的问题就是企业作为一个"功利集团"，是为谁谋取利益的。如果不特别解释，大量的企业家会默认企业是为投资者（股东）谋取利益的，甚至微观经济学的基本假设之一就包括"企业的目标是利润最大化"。

在为投资者（股东）谋取利益，或者说利润最大化的理念下，顾客和合作者都是利润的来源。一方面要尽量抬高售价，让顾客多出钱，另一方面要压迫供应商、渠道商，尽量压低他们的费用，提升利润。

在这种理念下，顾客、员工、股东与合作者就是一组矛盾，员工只是企业从市场上买来的生产要素之一。因为利益在这几方的分配过程中，是一个此消彼长的过程，大家必须明争暗斗，尽可能为自己谋取利益，这使得整个产业链的关系也就紧张起来了。

目前市场上大多数企业都还是股东利益观。每天有无数的企业家对外宣称，我们与客户、员工、合作者是利益共同体。但大多数人只是把这句话作为一种对外宣传口号，甚至只是为了蒙蔽或欺骗他人。

华为在当时考虑利益问题的时候提出了利益共同体的理论，也就是说，华为作为一个"功利集团"，谋取利益是为了顾客、员工和合作者。

在之后20多年的经营中，我们看到华为就是以这样的利益观来安排日常活动的。任正非在2010年的一次讲话中，又用另一种方式表达了同样的意思，他说："以前华为跟别的公司合作，一两年后，华为就把这些公司吃了或甩了。这是'黑寡妇'的做法（黑寡妇是拉丁美洲的一种蜘蛛）。今天,我们要改变这个现状,要开放、合作、实现共赢。我们要保持'深淘滩、低作堰'的态度，多把困难留给自己，多把利益让给别人。"

第五条的第一句话是产业链角度的利益观，而第二句则主要是面向企业内部的利益观："努力探索按生产要素分配的内部动力机制。"这是一句高度概括的话，在第一章的第四节（价值的分配），一整节的内容（十六至二十条）都在进一步明确和解释这句话。这里我们要注意的是"内部动力机制"，这个词表明思考利益问题最基础的出发点是"动力机制"，认识到这一点，利益问题就豁然开朗了。分配利益不是最终目的，激发企业发展动力才是最重要的任务。"结成利益共同体"，目的就是获得足够多的、来自产业链的发展动力。

最后一句，"我们决不让雷锋吃亏，奉献者定当得到合理的回报"，是从企业角度表明追求利益分配的公平性。在我们从小接受的主流文化教育里，做一个雷锋，就是要勇于牺牲，不计个人得失地奉献。华为不反对个人角度的雷锋精神，但是从公司的角度来说，华为应该主动让奉献者获得公平的收益。这样员工只要一门心思努力工作，公司一定会让员工获得应有的报酬。

在整个第五条中，都没有讨论利益多少的问题，而是认真地确认了利益分配最基本的原则。它从公司动力机制的角度来面对利益问题，从产业链、公司业务及员工个人三个层面提出了这三句话的理念。可以说，后来华为纷繁复杂、设计精巧的利益分配机制，都是在第五条的基础上发展起来的。《华为基本法》后面的章节还有关于利益的更多更细致的内容。

华为独创的成长牵引力循环

原文：第一章第三节第十三条（成长的牵引）

机会、人才、技术和产品是公司成长的主要牵引力。这四种力量之间存在着相互作用。机会牵引人才，人才牵引技术，技术牵引产品，产品牵引更多更大的机会。加大这四种力量的牵引力度，促进它们之间的良性循环，就会加快公司的成长。

这一条谈到的几个主题都是企业日常工作的范畴，但是读完之后，会有一种茅塞顿开的感觉。因为我们几乎从未显性化地总结出，在公司成长的过程中还存在这样一种传动机制。

在经营企业的时候，大家每天都沉浸在机会、人才、技术和产品相关的工作里面，同时也让围绕这四个主题的工作与其他各种各样的问题混在一起。很少有人会在处理这些问题的过程中停下来，从公司成长的角度来思考这些日常工作之间存在怎样的关联，以至于长期"只缘身在此山中"，没能注意到这个简单的逻辑。

"机会牵引人才，人才牵引技术，技术牵引产品，产品牵引更多更大的机会。"在这个成长链条里，公司成长的牵引力的源头是"机会"。

越是简单的道理，在日常工作中就越是容易被忽略。很多企业在日常工作中往往不以"机会"为核心来开展工作，而是以"问题"为核心。因此企业越发展，问题也就越多。如果要想解决掉企业全部的问题，成为一个干干净净的、没有任何问题的公司，那只能成为一个行将就木的公司。

因为，要解决全部问题的念头，会让企业家陷入无穷无尽的繁忙之中，也就没有精力去把握真正有价值的机会了。企业中的问题是不可能完全解决的，问题的根本是，我们本就不应该以解决问题为核心，而要以获取机会为核心。即使我们的企业存在一系列的问题，但是只要我们成功把握住了最大的产业机会，那我们就成功了。如果我们虽然解决了企业的各种问题，但是错失了产业机会，那企业就失败了。所以这里强调企业成长的第一牵引力是"机会"，值得我们反复品味。

可是，世界上机会那么多，企业不可能每一个机会都能把握住，让其成为成长的动力。那么机会如何转化成公司的成长呢？这显然不能一蹴而就，要经过一个传动机制。就好比油箱中存储的汽油要变成汽车的奔跑速度，需要经过发动机、变速箱和转动的轮胎相互配合，才能最终实现。

而这个公司成长牵引力的系统里，最后一个力量是"产品"。

这里的"产品"不是指实体物品，而是企业提供给客户，用于满足客户需求的任何东西，可能是有形的，也可能是无形的，包括各种服务等。

"产品"是连接企业和客户的直接的桥梁。企业凭什么获得成长，凭什么把握住机会，最直接的原因就是因为客户愿意通过一笔笔的订单，源源不断地付钱给企业，而订单就是通过"产品"来承载的！企业的一切优势，包括领先的技术、强大的品牌和供应链管理水平等各式各样的核心竞争力，最终都必须融入"产品"，通过公司经营实现，否则就没法传递给客户。不能传递给客户，就等于没有这些优势，这样在市场竞争中是无法取胜的。

企业牵引力的第一个力量是"机会"，最后一个力量是"产品"，这意味着企业要致力于提供可以把握"机会"的"产品"。这中间，两个关键的传动力量是"人才"和"技术"。

缺乏"技术"力量，就不可能有好的产品。我们总是希望面对客户的时候，可以骄傲地说："选择我们的产品吧，我们是最好的，因为我们的产品中融合了某核心技术。"这就说明技术才能牵引产品，没有好的技术，就很难有好的产品。

而"技术"又依赖"人才"，因为"人才"的优秀程度决定了"技术"水平的高低。"技术"必须要靠"人才"来承载，不可能有离开人才而独立存在的"技术"。如果某个公司技术水平很高，但是又没有一个强大的人才队伍，那么牵引力循环就会出现断层。要想获得技术上的领先，就必须先保证人才的领先，因为只有人才才能牵引技术。

　　向上追溯，只有足够优秀的"人才"，才能把握住"机会"。当然，只有足够有吸引力的"机会"，才能聚集起"人才"来。"人才"作为一种具有主观能动性的力量，在这个传动系统里面起到了承上启下的作用。他们追逐机会，开发技术，进而制造出好的产品，把握住机会。

　　理解了华为独创的这个成长牵引力循环，我们再回过头来看华为那些激进的经营行为，比如巨额资金投入研发和超高薪酬招揽人才。如果不是前期已经有了清晰的认知，是不可能在人才和技术领域表现出这样极度"土豪"的行为的。

02

把握人力资源中的利益内核

很多人总结华为发展得好，最值得学习的经验就是"分钱分得好"。这个"分钱"就属于"价值的分配"的一部分。任正非也曾反复强调："华为公司要解决生存问题，价值分配是个主要问题。"成功的价值分配直接驱动了华为高速增长。价值分配政策和分配制度是华为成功的关键机制，也是人力资源管理的核心。不能处理好价值分配的问题，人力资源管理就无从谈起。

那这么重要的问题，华为是如何解决的呢？在"基本法"第一章第四节"价值的分配"里，就给出了系统的、教科书级别的答案。"基本法"的第十六条到第二十条，为人力资源管理体系建设做了充分的理论铺垫。本章就结合这部分内容，讲解华为价值分配的思考原则，以及华为的分配机制建设背后坚实的逻辑基础。

华为的价值创造理论

原文：第一章第四节第十六条（价值创造）
我们认为，劳动、知识、企业家和资本创造了公司的全部价值。

价值创造的要素

对于分配来说，首要问题是确定谁有资格参与到价值分配中来。这看起来是一个非常迂腐的问题，我们身边创业的企业家那么多，没见过有几个讨论这种问题的——当然是谁办了公司，谁就有资格参与公司的价值分配。而华为在这个问题上有更深层次的认知，这使得华为的价值分配有更高的水平，能更好地为企业注入活力。

华为思考价值分配这个问题的出发点是，到底有哪些要素参与了价值创造。它要让创造价值的要素获得分配的权力。

所以，价值分配的第一个问题就变成价值创造了。可以说，华为公司的价值分配制度之所以充满活力，深层次原因就在于华为给予了创造价值相关要素充分的认可与参与分配的权力。

第十六条要讨论的问题是"什么创造了价值"。如果企业不能搞清楚到底是谁在创造价值，就不能搞明白谁应该分享价值，也就搞不清楚哪些要素要来参与价值分配。不该参与分配的参与了，或者该参与分配的没有获得，都会阻碍企业发展。

在《华为基本法》起草的第一稿中，起草小组对"价值创造"一条是这么写的："我们认为劳动，尤其是创造性劳动，创造了公司的全部价值。"结果稿子送到任正非那里，他就提出，"基本法应当把创造企业价值的几大要素分离出来，每种要素是怎么一个分配机制，要说清楚"，"在价值分配中，不单是劳动，还要考虑风险资本的作用，要寻找一条新的出路，用出资权的方式，把劳动、知识转成资本，把累积的贡献转成资本"，"在创造利润的要素上，基本法一定要实事求是，一定要承认劳动、资本和企业家的力量"，"华为公司主要考虑的是共同奋斗者的利益，而其他公司主要考虑的是创业者的利益，这是二者的主要区别"。（黄卫伟，《走出混沌——〈华为公司基本法〉诞生记》，1998年）

在任正非的直接指导下，《华为基本法》中的价值创造问题，在第三稿就确定了"劳动、知识、企业家和资本创造了公司的全部价值"这个关键核心理论，之后再没有修改过了。

《华为基本法》提出的四个要素中，知识可以理解为特殊的、高级的劳动形态，而企业家作为价值创造要素，贡献的也是一种劳动。

2017年4月18日，习近平主席在中央全面深化改革领导小组第三十四次会议上指出："企业家是经济活动的重要主体，要深度挖掘优秀企业家精神特质和典型案例，弘扬企业家精神，发挥企业家示范作用，造就优秀企业家队伍。"

2017年9月25日，国务院发布了一份名为《中共中央 国务院关于营造企业家健康成长环境弘扬优秀企业家精神更好发挥企业家作用的意见》的文件，强调了企业家精神在价值创造过程中的作用。

除此之外，经营一家企业离不开必要的物质基础，也就是必须要投入一些资本。这些资本投到这家企业中，就不能用于别的用途，相当于放弃了一些其他可能的回报。这属于资本的机会成本。同时，经营企业是有风险的，经营好了有收益，经营不好要亏损。所以不管是谁拥有的资本，投入企业，就要承担经营风险，会有血本无归的可能性。这时候我们发现，资本是办企业必不可少的要素，而且还要承担机会成本和经营风险，必须承认资本在价值创造中的贡献，否则企业就得不到资本，也就无法经营。

价值要素的顺序

对这句话，除了要注意《华为基本法》关于价值创造的四个要素是什么，还要留意这四个要素的顺序。

四个价值创造要素，第一是劳动，第二是知识，证明华为是把劳动人民与知识分子放在最前面的，这些就是华为的员工；其次是企业家，也就是表明立场，企业家是价值创造要素，但是顺序排在员工之后。在不说谎的情况下，这样的认知在企业中是很少见的。

"老板是最重要的"这种思想往往更加普遍。所以当人们听说任正非作为创始企业家，只有1.04%的股份时，都会觉得不可思议。而大家对那些企业家持股百分之八九十的情况，都觉得正常。这就是孰轻孰重的问题了。《华为基本法》第十六条在价值创造要素的顺序排布上，将企业家放在员工之后，说明华为更加看重员工的劳动与知识的投入，所以最终员工所释放出的力量，也就让其他企业目瞪口呆了。

在四个价值创造要素中，资本放在最后一位。前面我们讲了，必须承认"资本"在价值创造中的地位。承认了之后又客观地对待它，把"资本"放在"人"的要素之后，体现了华为在这个问题上非常成熟的一面。既认可"资本"，也理性看待它的地位。

最后，我们再关注一下这句话中的"全部"这个词。也就是说，这四个价值创造要素，创造了企业的全部价值，而不是部分。这意味着，这四个要素就构成了价值创造的充分条件，今后企业创造的全部价值，都要在这四个要素中分配干净，不再分配给其他要素了。这是一种非常强的理论自信。

第十六条总共二十四个字，是《华为基本法》中最简短的一条，也是最有理论深度的一条。这是华为整个价值分配体系的理论基点，成为华为价值分配行为万变不离其宗的那个"宗"，也为华为的人力资源管理大厦奠定了坚实稳固的地基。

基础理论创新：知识资本化

原文：第一章第四节第十七条（知识资本化）

我们是用转化为资本这种形式，使劳动、知识以及企业家的管理和风险的累积贡献得到体现和报偿；利用股权的安排，形成公司的中坚力量和保持对公司的有效控制，使公司可持续成长。知识资本化与适应技术和社会变化的有活力的产权制度，是我们不断探索的方向。

我们实行员工持股制度。一方面，普惠认同华为的模范员工，结成公司与员工的利益与命运共同体。另一方面，将不断地使最有责任心与才能的人进入公司的中坚层。

价值创造要素如何参与分配

明确了价值创造要素，接下来就要思考如何让这些价值创造要素参与价值分配。

基本法中直接提出了"转化为资本这种形式",也就是要让价值创造要素全体变成"资本"。而价值创造要素中的"资本"则以"风险的累积贡献"的形式转化为资本。这其实是对"资本"概念的本质进行的一次解释。为什么"资本"可以被算为一种"价值创造要素"呢?因为它承担了风险。所以作为价值创造要素的"资本",是经营风险的承载者,是应该参与价值分配的。

"转化为资本这种形式",简单点说,就是入股,用股权的方式。这也就勾勒出了价值创造要素参与价值分配的一条道路——让员工入股,让他们的劳动和知识成为资本,让他们自己当老板。

在一般的民营企业里,"企业家"和"资本"在股权方面都是有巨大的优势的,基本法绕个这么大的圈子,让原本不是资本的"劳动"与"知识"转变成资本,才能让他们名正言顺地参与到股权分配中去,不只是被雇用,还能当老板。

但为什么要这么做?目的很明显,第一就是为了"形成公司的中坚力量",第二是为了"保持对公司的有效控制",进而"使公司可持续成长"。这个目标正向来读不容易有感觉,要反过来理解才会深刻。也就是说,如果不让"劳动与知识"这两个价值创造要素参与"股权形式"的价值分配,那么公司的中坚力量就无法形成,对公司也无法有效地控制。

所谓"有恒产者有恒心,无恒产者无恒心",这是基本人性,《孟子》早已经把这个道理讲透了。如果企业中的"劳动"与"知识"

承载者，也就是核心骨干员工，不参与公司的价值分配，只是劳动力，仅仅是公司购买的各种生产要素中的一种，那么企业家有什么理由让他们与公司同生死、共命运？如果核心骨干员工都不与公司同生死共命运，那么"公司的中坚力量"就只有老板本人了。如果对公司的控制只能全面依赖流程、制度、处罚等手段，无法从人的内在利益上来实现关联控制，那么"保持对公司的有效控制"也就做不好了，最终"使公司可持续成长"的目标就会受到影响。

探索有活力的产权制度

接下来的第二句话是："知识资本化与适应技术和社会变化的有活力的产权制度，是我们不断探索的方向。"这是从更高一级的理论层面对上一句内容进行了定义，确认企业正在做的事情是探索"有活力的产权制度"。为什么叫"探索"呢？因为在中国的民营企业中，以前没有人做过这方面的尝试，这是全新的领域。

"新"就新在这句话的第一个词——知识资本化。这是《华为基本法》在理论概念上的一个突破。现在我们读起来好像觉得没什么，这似乎是个很常见的词，但是在《华为基本法》之前，是没有这个概念的。

当时参与写作的中国人民大学教授中，有一位从日本归国的青年学者，叫杨杜。在《华为基本法》起草期间，他与任正非有过一次闲谈。他说，华为总是强调知识的作用，任总也多次提到知识的价值，这种理念可以称为"知本主义"。任正非听了当即就说："高科技企业初期，使用知本的概念是很准确的。华为公司在创业初期，没有资本，只有知本，华为的资本是靠知本积累起来的。知本要转化为风险资本，风险资本要滚大，否则不能保证企业的长期运作。"任正非还跟杨教授开玩笑说，你们这些教授把"知本论"的"论"拿走，由你们去"论"，华为只要"知本"。（黄卫伟，《走出混沌——〈华为公司基本法〉诞生记》，1998年）

华为对知识的态度与认知，比一般中国民营企业领先很多。它创新地提出"知识资本化"，并且认为这是对"适应技术和社会变化的有活力的产权制度"的一种探索。这种突破人力资源底层逻辑的创新理论，是华为练就上乘武功的心法。

员工持股的奥秘

第十七条第二段继续说"我们实行员工持股制度"，简单明确，表现了华为在这项基本企业政策上坚定的、不可动摇的立场。紧接着就用两句话，从两个角度对员工持股制度的政策执行思路和目标做了更深入、更细致的解释。

"一方面，普惠认同华为的模范员工，结成公司与员工的利益与命运共同体。"这是员工持股制度的一个非常重要的政策执行思路。正是因为这个"普惠"的考虑，造就了后来9万人持股的不可思议的股权结构。这样做的目的是后半句说的"结成公司与员工的利益与命运共同体"。现在华为19万员工中，就有9万人通过员工持股，结成了利益与命运共同体。

对员工持股制度深入解释的第二句话，又从另一个角度提出了这个政策的执行思路与目标——"另一方面，将不断地使最有责任心与才能的人进入公司的中坚层"。这里提出的"最有责任心与才能的人"，显然与前一句的"普惠"是有差异的。挑出这些"最有责任心与才能的人"，当然就要区别对待了。如果都执行一样的"普惠"政策，就没必要挑出这些尖子生了。挑出来怎么办呢？是要"进入公司的中坚层"。

要理解这句话，非常关键的是要结合这句话所在的位置。这是在讨论员工持股制度的主题，是在"一方面"与"另一方面"这样的关联词之间的一句话。所以这句话其实是表示，华为的员工持股制度，除了有"普惠"政策，还有"差别对待"政策。这个"不断地使最有责任心与才能的人进入公司的中坚层"，就是指员工持股制度要"差别对待"，要将"最有责任心与才能的人"找出来。最后提到的"进入公司的中坚层"，再后来就体现在华为股权分配机制上的差异化。这种差异化是怎样执行的呢？华为实行的是30%的优秀员工集体控股，40%的骨干员工有分量地持股，10%~20%的低级员工和新员工适当参股。这样我们就会发现，中坚层的人员所获得的配股份额远远超过一般员工，而这种差别对待的政策根源就来自这里。

我们要实行员工持股制度，这个制度有普惠的一面——让大量员工参与持股；同时还有差别对待的一面——让最优秀的人多持股。

价值分配的形式

原文：第一章第四节第十八条（价值分配形式）

华为可分配的价值，主要为组织权力和经济利益；其分配形式是：机会、职权、工资、奖金、安全退休金、医疗保障、股权、红利，以及其他人事待遇。我们实行按劳分配与按资分配相结合的分配方式。

可分配的不仅仅是钱

第一章第四节第十八条给我们的最大冲击就是，价值分配中的"价值"并不仅仅指钱。这是我们很容易进入的误区，甚至有时候我们在讨论华为"价值分配"的经验时，直接将其表述为"华为分钱的智慧"，很容易忘却公司在分配价值的时候，还有非经济领域里面的价值可以分配。

华为将组织权力视为一种可以分配的价值，这是一个非常不可思议的理念。对于一家私营企业的成员来讲，组织权力能有什么用呢？

华为把组织权力视为可分配的价值，意味着华为将工作机会视为可分配的价值。我们其实在内心都认同，"权力"是与"利益"强关联的，拥有更多的组织权力，就能在这个权力范围内调动更多的人力、物力和财力，承担更大的责任，为公司创造更大的价值，也能有更多的成长、发展和自我实现的机会，并且可以获得更多的组织利益。

华为将组织权力视为可以分配的价值，甚至将其放在经济利益之前，视为公司可分配的首要价值，意味着华为对组织权力的独特认知。这种认知也将深刻地影响华为的人力资源管理政策。

把组织权力作为价值来分配，就一定会要求公司对拥有组织权力的管理者进行严格的考核与评价，因为公司把这么有价值的东西交到个人手里，一定会来检查个人拥有这些权力后，行使得好不好。如果没有用好，公司是要收回来的。这种对个人赋权的增减，就是"干部能上能下"，而且还要制度化、规范化，否则就是对既得利益者的偏袒和保护，会影响公司的发展。

对行使组织权力的成果进行考核与评价，会进一步引导员工承担与组织权力对等的组织责任。也就是说，让员工在得到权力的时候，就意识到责任，让权力与责任紧密结合在一起，成为一个硬币的两面。

把组织权力作为价值来分配，还会对员工能力产生影响：会引导员工不断地提高自身的能力，特别是把控、行使组织权力时所需要的管理能力和管理素养；能引导员工积极地参与到内部竞争中来，通过在内部竞争中脱颖而出，获得更多的组织权力。

另一方面，从公司的角度来看，这也要求公司不断开拓事业领域，从而创造更多更大的机会，这样才能有更多的组织权力可以分配给员工。

只有把组织权力作为公司可以分配的最重要的价值，才会让公司的价值分配变得立体、丰富和公平。更进一步来说，这会促进公司做好绩效考核与评价，推动公司建设能上能下的干部管理机制，激发管理者提升自身能力。如此，整个人力资源管理水平提高一个层次，这必将促进公司更快地发展。

九种价值分配形式

机会、职权、工资、奖金、安全退休金、医疗保障、股权、红利，以及其他人事待遇，这九种价值分配的具体形式，是把组织权力与经济利益这两大类价值内容具体化了。我们可以通过下面的价值要素矩阵来理解（参考图2-1）。

第一象限是使用权和所有权都属于员工个人的价值，基本形式是工资、奖金、安全退休金、医疗保障、红利等。这些形式的

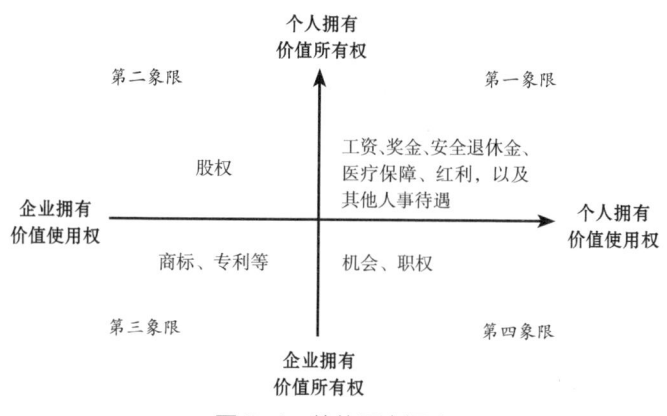

图 2-1 价值要素矩阵

（杨杜，《"知本主义"的企业机制》，1998 年）

价值归员工个人所有，并且由员工个人完全支配使用，这是公司为价值创造要素支付的报酬，是劳动、知识、企业家和资本商品化的过程，体现了一种买卖交易关系。

第二象限里面，是所有权归个人而使用权归公司的价值，具体来说就是指"股权"。股权的所有权是股东个人的，而股权所对应的价值使用权是公司，个人无法使用，只有公司能用。在华为主要就是前面所说的"知识资本化"，知识就是这样转化为资本的。

知识在第一象限里获得了"商品化"的价值，在这里又再一次获得了"资本化"带来的价值。

第四象限是所有权归公司而使用权归个人的价值，即组织权力，具体就是机会、职权这两种价值形式。因为机会、职权最终归公司所有，个人可以在一定时期内拥有使用权，这叫作"知识权力化"。

上面说的三个象限的内容，涵盖了第十八条中提到的全部的九种具体的价值分配形式。这三个象限的价值分配形式分别是"商品化""资本化"与"权力化"的具体实现，而我们能强烈感受到的是，这些分配形式是向"知识"这个要素倾斜的。

还剩下第三象限，是所有权和使用权都归企业所有的价值，这是第十八条没有提到的价值形式，主要包括专利、商标和企业专项基金之类的。因为所有权和使用权都归属于企业，所以就没法分配了。本章节中暂且不提。

两类机制的分配方式

关于价值分配形式，第十八条还有一句话："我们实行按劳分配与按资分配相结合的分配方式。"

这是一个大原则，当第十六条说"劳动、知识、企业家和资本创造了公司的全部价值"时，就已经为按劳分配与按资分配这两种方式的并行奠定了逻辑基础。第十八条中，只是在方向上提出了要"按劳分配与按资分配相结合"，至于如何实施，更加具体的要求将会在第十九条展开。

价值分配应该怎么分

原文：第一章第四节第十九条（价值分配原则）

效率优先，兼顾公平，可持续发展，是我们价值分配的基本原则。

按劳分配的依据是：能力、责任、贡献和工作态度。按劳分配要充分拉开差距，分配曲线要保持连续和不出现拐点。股权分配的依据是：可持续性贡献、突出才能、品德和所承担的风险。股权分配要向核心层和中坚层倾斜，股权结构要保持动态合理性。按劳分配与按资分配的比例要适当，分配数量和分配比例的增减应以公司的可持续发展为原则。

1993年，党的十四届三中全会《中共中央关于建立社会主义市场经济体制若干问题的决定》中提出要在个人收入分配上体现效率优先、兼顾公平的原则。1997年，时任总书记江泽民在《中国共产党第十五次全国代表大会报告》中再次强调了这个原则，报告第五点"经济体制改革和经济发展战略"中就提到"效率优先,兼顾公平"与"可持续发展战略"。同时期,华为也在基本法中表示要"效率优先,兼顾公平,可持续发展",从中可以感受到《华为基本法》具有非常鲜明的时代烙印。当时的新理念、新观点,在华为的人力资源思想中扎根,成为现在的基础理念和基本观点。

价值分配原则,提醒我们价值分配不是目的,而是手段。我们的目的是要通过价值分配来提高效率,兼顾公平,推动公司的可持续发展。很多企业在分配价值的时候,不从这个原则来思考,结果在把组织权力和经济利益分配出去了之后才发现,对企业发展没有什么影响,这就是失败的分配。

按劳分配的四个依据

第十八条的最后一句话说"我们实行按劳分配与按资分配相结合的分配方式",第十九条讨论的价值分配原则,就是从按劳分配和按资分配两个维度展开的。首先是按劳分配的依据,"按劳分配的依据是:能力、责任、贡献和工作态度"。按劳分配就是根据员工的劳动来分配价值,一般来说主要有工资、奖金、津贴这些形式。

容易忽视的是四个要素的顺序,能力在第一位,接下来是责任,第三是贡献,最后是工作态度。为什么贡献在第三位?所谓贡献,就是指业绩。为什么能力和责任的优先度会在业绩之前?企业发工资时把业绩排在第一位，在我们身边是最常见的。比如计件工资制，或者是销售行业常见的提成制。推演到极致，我们就会发现，计件制、提成制都只能作为整个公司的工资制度的一部分，完全是业绩或者贡献导向的工资制度，其实不适合在整个公司全面推广。

为什么这样说？比如，一个员工在广东可以轻松给公司带来1 000万元的利润贡献，但同样一名员工在非洲某个小国工作得异常艰苦，却只能带来100万元的利润贡献。这个时候，纯粹贡献导向的工资制度就会对那些打了硬仗的，在华为叫作"洗盐碱地"的人不公平。盐碱地是指现在不产生业绩，需要坚持耕耘一段时间，公司才会在这里获得很好的产出的业务领域。公司是要鼓励大家去为了未来业绩而"洗盐碱地"的。如果将贡献作为最大的分配依据，就会让大家都去抢夺短期业绩，去做成熟的老业务领域，而不愿意开拓艰难的业务领域。

那么，把能力放在第一位，又是怎样的一种考虑呢？工资是公司花钱购买生产资源的一种支出，把钱花在哪里，就会买到怎样的东西。当公司决定把能力视为按劳分配的第一依据的时候，就会鼓励员工不断提升自己的工作能力，那么结果就是公司拥有一支越来越强大的队伍。

更关键的是，在华为，能力不是指学历或拥有的证书，不是一个人对外宣传的本事，而是员工在工作过程中的突出表现。任正非曾经讲过："茶壶里的饺子，我们不承认。倒不出饺子还占据一个茶壶，就是高成本。"（任正非，《关于人力资源管理变革的指导意见》，2005年）这就意味着你的能力要用业绩来证明。在这里，能力是与贡献紧密关联的，但又不等同于贡献。这样的话，员工就会把艰苦的工作视为展现能力的机会，从而愿意离开老业务、成熟业务这些职业舒适区域，选择去啃硬骨头，勇于拼搏、开拓。

能力是第一位的，责任在第二位。责任是指一个人要承担的职责和任务，是员工对企业的担当和付出。同时，责任是与职位或岗位紧密关联的。企业是通过职位体系，系统地赋予员工责任的。如果你愿意承担更大的责任，就给你更多的按劳分配份额，也就是多给你工资、奖金和津贴，这正是在鼓励员工到艰难的岗位上去。我们会发现，通过价值分配对员工进行引导的时候，责任与能力有非常大的共通性，都是鼓励效率优先，鼓励可持续发展的。

按劳分配的最后一个依据是工作态度。华为对工作态度的重视程度超过了大多数企业。任正非说，"尽心与尽力是两回事。一个人尽心去工作与尽力去工作，有天壤之别"，"用心的干部即使技术上差一点也会赶上来，因为他会积极开动脑筋想方设法去工作"。

任正非亲自把华为人分为三种类型：第一类是普通劳动者，第二类是一般奋斗者，第三类是有成效的奋斗者。你是不是奋斗者，关键就是劳动态度。如果你想当奋斗者，还要签署一个奋斗者申请，要在这个申请书上写"我申请成为与公司共同奋斗的目标责任制员工，自愿放弃带薪年休假、非指令性加班费"。而一旦你成为奋斗者，公司就会在职业机会和经济利益上向你倾斜。华为对工作态度的认可不是随便说说的。

发钱的额度要求

"按劳分配要充分拉开差距,分配曲线要保持连续和不出现拐点。"这句话对按劳分配过程中的分配金额提出了一个相对值的要求。"充分拉开差距",就是按劳分配不能施行平均主义,要让优秀的人,在"能力、责任、贡献和工作态度"上领先的人,拿到比其他人更多的钱,通过拉开收入差距来推动员工的进步。

在"充分拉开差距"之外,还要求"分配曲线要保持连续和不出现拐点"。(参考图 2-2)

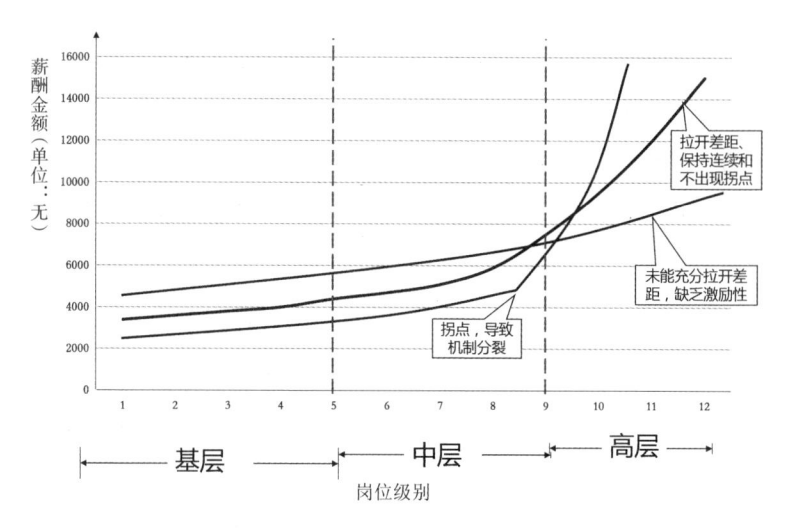

图 2-2　分配曲线

"保持连续和不出现拐点"是指在"充分拉开差距"的时候，要保持分配的整体性，也就是不要在某一个位置出现薪酬增长率远大于之前的情况。否则这样的话薪酬曲线斜率就会突然增大，很容易让大家觉得这个节点是一个特殊的分界线，跨过去和没跨过去的人成为两拨人，从而导致这个分界线两边的人在心态上失衡，产生严重的不公平的感觉，进而影响上文提到的"效率原则与可持续发展原则"。

股权分配的四依据

提出按劳分配的原则之后，第十九条对按资分配也提出两个分配原则来，第一个，"股权分配的依据是：可持续性贡献、突出才能、品德和所承担的风险"。

同样是价值分配，为什么分配依据不相同呢？不同方式的价值，分配依据的差别是因为什么逻辑而产生的呢？

我们首先要理解，按劳分配是一种短期的价值分配，而股权是长期的价值分配。任正非在一次内部会议上说："奖金有什么了不起，不就是发错了，即便发错了也只有一次。股票发错了，就是几十年。"他还说："股票给了，可能不好收回。如果你给错了人，就是伤害了公司的竞争力。"（任正非和华为高管2011年的饱和配股内部讨论）

股票要考虑的是更长期的因素。所以这里给出的股权分配的依据,就是前文中四个按劳分配依据的长期化。

先看股权分配的第一个依据,是"可持续贡献",对应按劳分配依据中的"贡献",这里多加了"可持续"这个词,这是一个强调长期的修饰词语。

第二个依据叫"突出才能",对应了按劳分配依据中的"能力"。这里"才能"和"能力"可以视为是同义词,只是股权是面向中长期的价值分配,所以加上了"突出"作为限定词。

第三个股权分配依据是"品德",大概可以对应按劳分配依据中的"工作态度"。短期的叫"工作态度",保持一贯的好态度,就是一种"品德"了。股权分配看的是长期的态度,所以要看品德。

第四个股权分配的依据是"所承担的风险",对应按劳分配依据中的"责任"。因为股权分配的要求更高一点,所以只承担正常的岗位责任是不够的,还要求承担那些超出一般性岗位职责的责任,就是"风险"。如果什么风险都不担,只严格地在安全边界内开展工作,是不够的。当然,这里的"风险"不仅指经营管理的风险,有时还包括工作带来的人身安全和健康风险,毕竟华为的业务在全球都有分布。

在顺序上,股权分配也与按劳分配有一些出入。将"可持续贡献"放在最前面是因为,面向短期的分配,将"能力"这个要素放在第一,是为了追求中长期的绩效,而中长期的股权分配,就要看"可持续贡献"了。尽管按劳分配与股权分配在要素位置上排列不一样，背后的逻辑却是一样的。

倾斜与动态

在股权分配依据之后，股权分配的第二个原则是："股权分配要向核心层和中坚层倾斜，股权结构要保持动态合理性。"

前半句"股权分配要向核心层和中坚层倾斜"，和按劳分配中的"充分拉开差距"是一个意思，反对平均主义的价值分配。这里其实与基本法第十七条中相呼应，第十七的最后三句话说："我们实行员工持股制度。一方面，普惠认同华为的模范员工，结成公司与员工的利益与命运共同体。另一方面，将不断地使最有责任心与才能的人进入公司的中坚层。"

最与众不同的是，华为公司根据这样的一个政策，主动选择了自己的股东。一般在证券市场上市的企业，在股东选择方面是完全被动的，公司很难决定谁来买自己的股票。而华为的股权机制可以让内部最优秀的人控股，这样显然会更有力地推动效率原则和可持续发展原则。

最后，股权分配还要求"股权结构要保持动态合理性"。这是华为在自主选择股东方面走得更远的一个创举，到现在也很少有企业可以跟进。华为把按劳分配中的考核因素也植入到股权分配中来了，通过对员工"可持续性贡献、突出才能、品德和所承担的风险"方面的评价，不断调整配股的额度。通过这种股权的动态调整，使得新生的中坚力量能拥有足够多的股权，从而形成公司的核心力量，让"核心层和中坚层"保持对公司的有效控制。

回顾一下按劳分配与股权分配的依据和原则，我们还要注意到的是，两者都没有考虑工作资历与工作年限。除非多年的工作经验让员工变得更有能力，做出了更大的贡献，否则仅仅资历老，是不被承认的。单纯的资历老，在按劳分配中是没有用的，不会因为这个因素多发工资、奖金或津贴。这种动态的股权分配，会让新的"核心层和中坚层"不断稀释老资历的股权，让分配机制充满活力。

第十九条最后还有一句话："按劳分配与按资分配的比例要适当，分配数量和分配比例的增减应以公司的可持续发展为原则。"这是一句模糊的话，什么叫比例要适当呢？任正非在2016年接受新华社专访的时候说："华为这些年劳动与资本的分配比例是3∶1，每年经营增值部分，按资本与劳动的贡献设定一个分配比例，劳动者的积极性就起来了。"

看得出来，这个比值是向按劳分配倾斜的，75%按劳分配给当年创造价值的人，股东每年只能分享利润的25%。目的是为了调动劳动者的积极性。最后半句话"分配数量和分配比例的增减应以公司的可持续发展为原则"，再一次强调了这些原则的基本出发点，与第十九条一开始提出的原则呼应。

价值分配合理吗

原文：第一章第四节第二十条（价值分配的合理性）
　　我们遵循价值规律，坚持实事求是，在公司内部引入外部市场压力和公平竞争机制，建立公正客观的价值评价体系并不断改进，以使价值分配制度基本合理。
　　衡量价值分配合理性的最终标准，是公司的竞争力和成就，以及全体员工的士气和对公司的归属意识。

　　第二十条开头说，"我们遵循价值规律，坚持实事求是"，意思是说，要想使得价值分配制度基本合理，就要坚持价值规律。
　　在整个第四节的语境下，这里的"价值规律"要理解为字面意思，就是关于价值的规律，也就是让价值创造要素参与价值分配。

外部压力与内部竞争

紧接着,提到要:"在公司内部引入外部市场压力和公平竞争机制。"这里提到"外部市场压力"和"公平竞争机制"两个关键词。

《华为基本法》第一章第一节第一条中有一句:"通过无依赖的市场压力传递,使内部机制永远处于激活状态。"所以,这里是基本法第一章第二次提到"外部市场压力"了,显然华为希望内部员工承担这个外部压力。

光是"外部压力"这还不够,还要引入"竞争机制"。这个竞争机制肯定也会给员工带来竞争压力,那么第一句话里面第二个主题内容"在公司内部引入外部市场压力和公平竞争机制",就是要给员工带来更大的压力,来驱动员工努力工作。这半句话出现在第20条,放在"价值分配的合理性"这样的主题下,就意味着价值分配这项工作要承担这个责任,要通过价值分配来实现引入外部市场压力和公平竞争机制的目标,进而更好地驱动员工工作。具体怎么做,有很多种实现办法和方式,比如建设内部责任中心,进行A、B、C、D等级的评价等。这里只要确定原则就可以了。公司要把握好价值分配这个机会,传导内外部压力,更好地驱动员工工作。

分配制度合理的前提

第一句话还没有结束，最后还有，"建立公正客观的价值评价体系并不断改进，以使价值分配制度基本合理"。

《华为基本法》之后，2014年华为授权出版了《以奋斗者为本》。这部书第一篇的题目就叫"价值创造、评价与分配"。在华为的逻辑里，所谓价值规律，是由三个部分组成的，就是价值创造、价值评价与价值分配。这三个部分必须统一起来，互为前提，相互促进。我们创造价值就是希望获得价值，所以要分配价值。同时，分配价值的时候就要搞明白给谁分，分多少。给谁分的问题在基本法第十六条已经解决了，那么分多少的问题，就要通过"价值评价"来解决了。这就是第二十条说"建立公正客观的价值评价体系并不断改进"的原因。只有这样，才能最终让创造价值多的人多分配，价值创造少的人少分配，最终实现"使价值分配制度基本合理"的目标。

分配合理性如何评判

在这个价值创造、评价与分配的循环中，公平合理的价值分配不仅是一个循环的终点，也是新循环的起点。合理的价值分配会带来更大的价值创造动力。

因此，第二十条的最后一句话这么说："衡量价值分配合理性的最终标准，是公司的竞争力和成就，以及全体员工的士气和对公司的归属意识。""公司的竞争力和成就"是价值创造的结果，"全体员工的士气和对公司的归属意识"是价值创造的动力，整个价值创造、评价与分配的循环在这里展现出来了，价值分配合理性的最终标准是价值创造的结果与动力。

最后一句里提到的"公司的竞争力和成就"，是从外部视角来看待一个公司的价值创造成果，那么我们就明白了价值分配的最终目标是获得外部竞争优势和来自外部的经营成就。

而"全体员工的士气和对公司的归属意识"，是从内部视角来看待一个公司的价值创造动力，这是一个硬币的两面。要想获得外部成功，就要先有内部的士气和归属意识，这也需要通过"价值分配"来获得。这也印证了那句老话——"财聚人散，财散人聚"。要想组织充满活力，就必须做好"价值分配"。

03

为人力资源管理体系定基调

如果把人力资源管理政策体系比喻成为一个大楼，那么准则就是地基。本章对应讨论《华为基本法》第四章第一节"人力资源管理准则"，这个准则就是在给华为人力资源政策体系定基调。

行为准则必须指向一个有价值的目的，目的牵引并制约着行为准则。因此本章将从华为进行人力资源管理的基本目的出发，进而引出华为人力资源管理的三大基本准则，以及与之配套的管理体制和具体的实施者。

人力资源管理的基本目的

原文：第四章第一节第五十五条（基本目的）

华为的可持续成长，从根本上靠的是组织建设和文化建设。因此，人力资源管理的基本目的，是建立一支宏大的高素质、高境界和高度团结的队伍，以及创造一种自我激励、自我约束和促进优秀人才脱颖而出的机制，为公司的快速成长和高效运作提供保障。

一个管理体系的基本目的肯定不是管理本身，不能是为了管理而管理。人力资源管理本无所谓有或者无，如此努力地做这件事情，是希望能够获得一个成果，达到一个目的。正是这个"基本目的"，让人力资源管理成为一件有意义、有价值的事情。

这一条中，"因此"二字，体现出公司要把组织建设、文化建设与人力资源管理紧密关联起来，它包含的意思是，组织建设和文化建设中有很重要的工作是需要通过人力资源管理来实现的。

人力资源管理将对组织建设和文化建设产生重大影响，人力资源管理之所以存在，就是要提升公司的组织能力，塑造公司的企业文化。

直到现在，很多人还不能把人力资源管理与公司组织建设、文化建设关联在一起。从组织建设方面来说，设计好组织结构并不代表组织建设完成了，只有匹配了恰当的人之后，组织能力才能发挥出来，所以组织建设就离不开人力资源管理。从文化建设来说，很多人对文化建设的认识非常模糊，最常见的企业文化建设手段就是整理公司的经营理念、企业精神、价值观和人才观之类的口号，然后把这些口号贴到墙上；再进一步就是组织大家学习这些口号、开会、写心得，实在没办法了就搞点文化娱乐活动。最终，这些墙壁上僵化的文字，对企业文化的影响非常小。所谓企业文化，从根本上说就是大家内心对公司价值观的判断。这种判断是大家对公司各种行为进行观察之后，在自己的脑海里形成的。公司嘴上说一套、行动做一套的把戏，很快就会被聪明的员工看破。员工观察公司行为，进一步形成企业文化认知的时候，他们最关心、最关注的信息往往不是那些发展战略、经营模式和组织结构方面的东西，而是哪些人被重用了，哪些人被惩罚了，哪些人拿走了最多的钱，哪些人提升最快，哪些人多年没有发展。员工会最关心这些事情，因为这就是样本。身边人的案例教会员工如何行事才能在这个企业系统里生存。这就是企业文化，它受到人力资源管理的影响实在太大了，人力资源体系与每一个员工在企业里的生存状态息息相关，所以人力资源管理也就成为塑造企业文化最有力的手段。

人力资源管理的基本目的之一

有了上面的逻辑铺垫，"人力资源管理的基本目的"就有了一个更高的视角。其一，是"建立一支宏大的高素质、高境界和高度团结的队伍"。

它的基本落脚点是"一支队伍"。当然，不是随便来几个人就叫"队伍"，华为对这支队伍是有要求的。主要有4个方面：宏大的、高素质的、高境界的和高度团结的。宏大是对这支队伍规模的要求，高素质、高境界是对这支队伍中个体质量的要求。高素质和高境界这两个词语总结得非常到位，前者偏向知识、能力、技能这些比较硬的方面，后者偏向思想、胸怀和格局这些比较软的方面。最后，高度团结是对这支队伍的内部关系的要求。

人力资源管理的基本目的之二

一家企业仅仅有人是不够的，哪怕是宏大的、高素质的、高境界的和高度团结的人。企业获得这些人，是希望他们能够努力工作。所以除了获得"人",人力资源管理还有第二个目的,就是形成推动这些人努力工作的机制——"创造一种自我激励、自我约束和促进优秀人才脱颖而出的机制"。

和第一个目标要"队伍"不一样,第二个目标是要"机制"。队伍是人,机制则是人在企业的行为规则。当然,对这个机制也是有要求的,"自我激励、自我约束"是面向个体的要求,而"促进优秀人才脱颖而出"是面向群体、面向整支队伍的要求。

人力资源管理的最终落脚点

以上两点还不是人力资源管理的最终目的。队伍和机制只能说是人力资源管理的直接目的,最终目的则是"为公司的快速成长和高效运作提供保障"。如果这是全部人力资源管理最终的落脚点的话,如今的华为真的已经实现了。所以,一方面我们从逻辑上看到人力资源管理的两个层次的目标,直接的目标有两个:建队伍和建机制;终极的目标有一个:保障公司快速成长和高效运作。

另一方面,我们从结果上看到,华为的确实现了人力资源管理的终极目标,保障了公司快速成长和高效运作。那么我们也就能得出结论,华为人力资源管理的两个直接目标,尽管看起来艰难,但一定是达到了的。

在整个《华为基本法》大系统里,第五十五条的价值就是把人力资源管理的目的清晰化。它指导了华为日后的整个人力资源管理工作,当然也统领着基本法中"基本人力资源政策"后续的十八条内容。

人力资源管理的基本准则

原文：第四章第一节第五十六条（基本准则）

华为全体员工无论职位高低，在人格上都是平等的。人力资源管理的基本准则是公正、公平和公开。

基本准则是在基本目的之后的，是为了达到基本目的才有的。因为没有目的的准则就是无的放矢。

人人平等作为一种社会理念被广泛接受，是欧洲文艺复兴的巨大成就，为后来的资产阶级革命奠定了社会基础。人人平等是指所有人都是平等的，但不是所有人在所有的方面都是平等的。它指的是所有人在人格上和法律地位上平等。确保法律方面人人平等，是国家司法机关来负责的；企业需要确保的是人格上的人人平等。

如果员工在人格上的平等不能保障，那公司里面就不可能有一支高素质、高境界并且高度团结，能够自我激励、自我约束的宏大队伍。如果他们认为老板的人格要高一点，就注定会把努力讨好老板作为头等大事来办。这种情况下，人力资源管理的基本目标是不可能实现的，用多么厉害的方法和工具，都不可能实现。

人格上的人人平等是产业发展的思想基础，在每一个产业细胞，也就是每一家企业中，都需要坚持。而现实社会中，严峻的一面是很多的人并不是真正地接纳人格上人人平等的思想，在潜意识层面还有严重的等级思想。华为在基本法中提出全体员工在人格上都是平等的，旗帜鲜明地强调了它在这个问题上的基本判断。

华为保障在人格上人人平等，但在其他方面就不一定了，毕竟智商、能力、素养这些都不可能人人平等，每个人都是有差异的。所以在华为的人力资源体系里，大家除了在人格上是平等的，在很多别的方面可能都是不平等的，比如职位、权力、薪酬和股份等。而恰恰是保障了人格上的平等之后，这些方面的不平等才变得可以被接受。事实上，华为的人力资源管理在企业内部制造了巨大的不均衡，发展得好和不好的人，差别非常大。华为甚至非常明确地要求，在最终结果上要拉大不同人在机会、报酬、职权这些方面的差距。为什么华为一方面强调人格上人人平等，另一方面企业内部又存在那么多的不均衡呢？这是因为华为做到了"公正、公平和公开"，这也是其人力资源管理的基本准则。

公正

原文：第四章第一节第五十七条（公正）

共同的价值观是我们对员工作出公正评价的准则；对每个员工提出明确的挑战性目标与任务，是我们对员工的绩效改进作出公正评价的依据；员工在完成本职工作中表现出的能力和潜力，是比学历更重要的评价能力的公正标准。

"公正"是这一条的主题词。在基本法的正文中，它不是单独出现的，而是以一个短语的形式，叫"公正评价"。这是一个偏正短语，即这个短语里的两个词是偏正关系，一个词对另一个词进行修饰和限制，两个词语一个是修饰，一个是中心。显然，"公正评价"这个短语里，"公正"在修饰和限制"评价"这个词，因为你可能做出各种各样的"评价"，这里限定的是"公正"评价。

这就有点奇怪了，上文不是说第五十七条的主题词是"公正"吗，我们不是要重点讨论"公正"吗？怎么搞来搞去"公正"成了修饰语，中心语竟然是一个别的词？那是因为如果离开具体的语境谈"公正"，将是一个非常宏大的社会伦理学问题。所以华为将问题范围缩小到了"评价"，所谓"公正"也仅限于探讨关于"评价"的"公正"。

"评价"是一个非常重要的主题。现在社会上有一种声音反对

"评价",提出企业应该考虑放弃对员工的考核与评价,应该充分相信、尊重员工,不要再去评价员工了。评价员工是一件非常费劲的事情,企业只要评价人家,就可能会说员工这里没做好,那里没做好。评价会使得企业内部上下级的关系变得紧张,甚至有人举例,说有些厉害的企业是不做评价的。

华为是不讨论这个问题的。2017年8月,任正非在华为《人力资源管理纲要2.0》沟通会上有一个讲话,其中他说道:"对低绩效的员工,还是要坚持逐渐辞退的方式,但可以好聚好散。辞退时也要多肯定人家的优点,可以开个欢送会,像给朋友送行一样,让人家留个念想,别冷冰冰的。开个欢送会、吃顿饭是可以报销的。也欢迎他们常回来玩玩。"

要是没有评价,怎么知道谁是低绩效员工呢?所以要不要评价这个问题,不值得讨论,哪怕会带来痛苦也要评价,否则企业就会缺乏竞争力。评价是肯定要有的,我们能做的就是在评价的时候,保证公正。

养鱼得为鱼准备恰当的池塘,因为这是它能够好好生长的环境。同样的,"公正"是人才在这里工作和生活的关键环境因素。因为一旦员工觉得评价是不公正的,后果就会非常严重。没有人会在一个不公正的环境里面积极工作,面对不公正的环境,最常见的选择就是懈怠、对抗与离开。前文说人力资源管理的基本目的是"是建立一支宏大的高素质、高境界和高度团结的队伍,以及创造一种自我激励、自我约束和促进优秀人才脱颖而出的机制",

没有公正的环境与氛围，绝不可能有什么好的队伍和好的机制。

公正的前提

如何在评价的时候做到公正呢？

回到第五十七条第一个分号前的这句话上来——"共同的价值观是我们对员工做出公正评价的准则"。这句话说明白了"公正评价"的大前提，就是"共同的价值观"。

贿赂一个客户，然后得到订单，和拒绝贿赂客户，然后丢失了订单，哪个应该得到更好的评价呢？对客户隐瞒关键信息获得高利润，或者诚实告知客户全面的信息，损失了利润，谁应该得到更好的评价？挣到了钱，是发给员工，还是投入研发，抑或是留给股东当利润？不同的价值观会有完全不同的"公正评价"。

最难办的事情就是，双方都觉得自己是无比公正的，但是双方的评价却完全不同。这时常见的处理方法就是判定对方是不公正的，因为人们总认为自己是特别公正的，对方跟自己完全不一样，所以肯定是不公正的。这时候，如果能停下来探寻一下是不是双方的价值观有差异，可能问题就比较好解决了。而更高一层的解决办法，就是先统一价值观，先确保大家有一致的价值观，这样很多问题就在根源上被剔除了。

评价员工的依据

"对每个员工提出明确的挑战性目标与任务，是我们对员工的

绩效改进作出公正评价的依据。"这句话里,华为提出了公正评价的依据,这个依据有三个关键点:

第一,如果要评价员工,就得先给员工提出明确的目标与任务。在很多企业里,领导并不给员工提出明确的目标和任务,而是让员工自己去干,没干好就叫来骂一顿。上级觉得自己肯定是"公正"的:他都干成那样了,我给他这样一个评价简直是看得起他。员工会觉得:给我这么不公正的评价,我怕是要换工作了吧。所以,如果老板不能给员工一个明确的目标和任务,干脆就不要评价员工,因为怎么评价都是不公正的。

先给员工确定一个明确的目标和任务,然后再评价,这其实是最简要的绩效管理流程。制定明确的目标和任务就是绩效计划,评价就是绩效考核。1998年IBM(国际商业机器公司)进驻华为之后,给华为带来了一个叫"个人事业承诺"的工具,华为就一直用这个工具开展个人绩效管理,所有的管理者都用PBC(个人业务承诺计划)给下属安排工作,明确目标和任务。

这个PBC看起来其实就是一个普通的绩效计划表格,只不过分为3个部分。用IBM的表述方式,叫"承诺胜利、承诺执行和承诺团队"。

承诺胜利,就是向员工要一个胜利的结果,大概等同于"明确的目标",胜利的结果就是目标。当然,IBM和华为都不会仅仅向员工要一个胜利的目标,然后让员工自己想办法去实现。正常情况下,领导向下属要一个胜利的目标,会问下属打算怎么做,下属就说，我准备这么干，你看行不行。经过双方反复讨论之后，明确几件事情，做好这几件关键的事情估计有可能达成目标，这几件事情就是员工承诺执行的内容，然后在 PBC 里记录下来。这也就是我们所说的"明确的任务"。

PBC 里第三个部分一般占比重比较小一点，叫"承诺团队"，就是有些事情不是某个员工的岗位核心工作，但是这个人不做好，其他人就没法完成任务，所以为了团队里的其他人，这名员工得做好的几件事情。

PBC 这个工具并没有多么神奇，绩效计划的工具有很多，是不是用 PBC 也不是那么要紧，要紧的是企业得认真对待绩效计划工作，周期性地跟员工明确目标和任务。

虽然绩效管理是全球成功企业通用的基础管理体系，但是我们也看到身边好多企业虽然尝试过开展绩效计划和绩效考核工作，但后来就慢慢放弃了。很多企业发现，每个月跟下级明确工作目标和任务非常烦琐，企业的领导者习惯了粗放的方式，有什么事情就给员工打个招呼，如果员工没做好就骂一顿。每个月都得有明确的目标和任务来布置工作，简直是在为难自己。特别是一开始，大量的工作从来没有被明确定义过，也缺乏指标和数据，所以没法准确衡量，导致以一个月为周期的工作也无法预测。最终领导痛苦地发现明确目标和任务是如此艰难，于是慢慢就放弃了。

对于一个没有建立起绩效管理流程的企业来说，刚导入绩效计划与考核时确实是非常不容易的，而且如果企业认识不到这件事情的重要性，就会缺乏改进的动力。

我们从基本法第五十七条能明白，如果没有真正意义上的绩效计划，就不可能给员工明确的目标和任务，那么之后对员工的评价就不可能是"公正"的。人力资源管理准则的第一条都做不到，那么整个人力资源管理的大厦就不可能建立起来。所以，但凡没有绩效管理的企业，人力资源管理水平都是不太高的。

明确的目标和任务之外，第二个的关键点是"挑战性"。我们是根据"明确的目标与任务"来评价员工的，如果每一个员工不费吹灰之力就完成了任务，实现了目标，那还如何评价？如果每个员工都很棒，而且很容易就都得到了满分，评价就没有意义了，也不需要考评了。

为什么要在制定绩效计划的时候人为地搞出一些员工达不成的目标和任务呢？在华为，如果你的下属都得到了100分，全都达成了目标与任务，那你这个制定目标和任务的人，估计就要受批评了。挑战性的目标并不全是负担，很多时候，挑战性的目标本身就会赋予员工工作动力和激情。所以，你给下属制定的那个明确的目标和任务是要有挑战性的，它还有一个形象一点的表述方式，叫"跳一跳够得着"。

好些公务员朋友辞职跳槽，给的理由就是工作没劲，每天干的活都一样，没挑战性。你看，挑战性本身还有给员工激励的一面。

为了有一个公正评价的依据，管理者得为每一个员工制定明确的挑战性目标和任务。也就是说，每个人的目标和任务都可能是不一样的，这是公正评价的第三个关键点。

评价到底评什么

1. 评价绩效

"对每个员工提出明确的挑战性目标与任务，是我们对员工的绩效改进作出公正评价的依据"，这里要注意"公正评价"的对象是"员工的绩效改进"。也就是说，评价的依据——"对每一个员工提出明确的挑战性目标与任务"，是指评价"员工的绩效改进"时所采纳的依据，不是评价其他方面的依据。

2. 评价能力

第五十七条最后说："员工在完成本职工作中表现出的能力和潜力，是比学历更重要的评价能力的公正标准。"

这是提出了能力评价的标准，它不仅说了这个标准是什么，还说了不是什么。是"员工在完成本职工作中表现出的能力和潜力"，所谓"员工在完成本职工作中"，就是指在做前面那个绩效计划里规定的"目标与任务"的过程中。企业不仅要考核员工的绩效，还要看员工在创造这个绩效的过程中，表现出怎样的能力和潜力。这将是判断员工能力的标准。

这里包含着一个很重要的思想：业绩不能简单地等同于能力。我们常常听到的一句话是：一切拿业绩说话。在评价能力的时候，基本法的这一条其实增加了一层人为判断，通过员工做业绩的过程，发现其能力与潜力，从而对其能力进行评价。能力评价来源于完成本职工作的过程,但是不直接等于本职工作的结果。这样评价并不是要推翻绩效因素,而是仅仅有绩效不能直接等同于能力强;能力强是在绩效好的基础上,经过人为判断出来的。这个判断过程目前在华为已经发展成一个独立的管理体系了,即华为的任职资格体系。

华为的任职资格管理体系基本上覆盖了全公司所有员工,几乎每一个员工都有自己对应的任职资格的类型与级别。这是对员工工作能力与潜力的一个评价结果,而员工需要通过参加任职资格评审与答辩来提升自己的任职资格级别。这个过程中,员工需要向任职资格答辩委员会提交以前的工作业绩,要自己挖掘出在完成本职工作过程中表现出来的能力和潜力。比如说去年承担了一个超大型的复杂项目,遇到了一个怎样的大危机,当时做了哪些工作,证明了什么能力。这时候,评审委员会就能给员工一个公正的评价。

关于这方面内容,任正非还有一段话:"我认为关键事件行为过程考核同样是很重要的考核,但不是一个关键事件行为就决定一个人的一生。对一个人的考核要多次、多环考核。不要把关键事件行为过程考核与责任结果导向对立起来。责任结果不好的人,哪来的关键事件(任正非,《在理性与平实中存活》,2003年)?"

基本法第五十七条不仅说了能力评价的标准是"员工在完成本职工作中表现出的能力和潜力",还说这是"比学历更重要的评价能力的公正标准",就是要求在评价能力的时候弱化学历因素。

这个不难理解，毕竟华为是一个以产出为导向的组织，员工进入华为的时候学历很重要，否则对于大多数通过校招进入华为的人来说，没有其他东西可以更有力地证明自己的能力和潜力。一旦进入华为，学历就基本上不起什么作用了，关键看两个要素——绩效和任职资格。

公平

原文：第四章第一节第五十八条（公平）

华为奉行效率优先，兼顾公平的原则。我们鼓励每个员工在真诚合作与责任承诺的基础上展开竞争，并为员工的发展提供公平的机会与条件。每个员工应依靠自身的努力与才干，争取公司提供的机会；依靠工作和自学提高自身的素质与能力；依靠创造性地完成和改进本职工作，满足自己的成就愿望。我们从根本上否定评价与价值分配上的短视、攀比与平均主义。

"华为奉行效率优先，兼顾公平的原则。"这一句，在《华为基本法》第十九条有过几乎一模一样的话。第十九条的主题词是"价值分配原则"，第一句话就说："效率优先，兼顾公平，可持续发展，是我们价值分配的基本原则。"这里重复一遍，是怕大家记性差所以来复习一下吗？不是的。第五十八条所说的"效率优先，

03 为人力资源管理体系定基调

兼顾公平",针对的主题是"为员工的发展提供公平的机会与条件"。

华为在分配价值和分配发展机会的时候,都是以"效率优先,兼顾公平"为基本原则。价值是果,机会是因,分配价值的时候事情已经做完,到了分"战利品"的阶段了,这时候公司倡导"效率优先,兼顾公平",是要把钱多给那些展现出能力与潜力、承担了公司重大责任、做出了业绩的人。但你不一定是那个展现出了能力、承担了责任、做出了业绩的人。那怎样才能成为这样的人呢?这需要在事情开始之前就介入,要去争取机会,而且在争取机会之前得搞明白,在公司,机会是通过什么规则分配的,这样才能得到你想要的机会。对于真正的人才来说,待遇从来不是最重要的,机会才是。

动力来自公平竞争

黄卫伟老师是《华为基本法》起草者之一的,他曾在一次演讲中说:"机会是吸引人才的第一要素,薪酬待遇是吸引人才的必要条件。从华为的角度来看,高端人才是指那些从事基础研究和引领行业创新的顶尖人才。华为靠什么吸引他们呢?首先是机会,我们在写《华为基本法》的时候也把它写进去了。"可见,在人力资源管理领域,"分配机会"是一个重大问题。

第五十八条明确提出了机会分配的原则——"效率优先,兼顾公平"。这句话的意思不难理解:企业分配机会的时候不会像幼儿园里面"排排坐分果果"一样给大家平均分配，企业讲究"效率优先"，谁能给企业带来更大的产出，企业就把这个机会给谁。机会不是发的，是争取来的，员工必须证明自己比其他人更应该获得这个机会。

第五十八条也明确提出，"我们鼓励每个员工在真诚合作与责任承诺的基础上展开竞争"，坦陈鼓励每个员工展开竞争，并且是在"真诚合作与责任承诺的基础上"展开竞争。这是华为分配机会的基本模式，因为竞争才会保障效率优先。但是竞争并不是相互拆台、相互伤害，企业内部不能出现恶性竞争，而是要在"真诚合作"的基础上展开竞争。

员工竞争的是机会，他们的竞争筹码是一个承诺——如果把这个机会给我，我将回报给公司什么样的产出。比如说公司把北京市场交给我，我保证完成 500 亿元的营业收入，100 亿元的利润，90% 以上的客户满意度，等等。这时候，谁"出价"高，谁就是北京市场的老大。但是承诺要等到事情做完了才能兑现，所以这一句还有一个要求就是"责任承诺"，员工要对竞争的时候说出来的话承担责任。

三个依靠

"华为奉行效率优先，兼顾公平的原则。我们鼓励每个员工在真诚合作与责任承诺的基础上展开竞争，并为员工的发展提供公平的机会与条件。"这是华为从公司角度制定的人力资源基本准则，华为公司的每一个员工都将在这个准则之下开展工作,这将成为每一个员工的基本工作环境。在这样的环境下,员工该如何做呢?答案是:"每个员工应依靠自身的努力与才干,争取公司提供的机会;依靠工作和自学提高自身的素质与能力;依靠创造性地完成和改进本职工作,满足自己的成就愿望。"

这是华为给员工的指导,帮助员工尽快找到"效率优先,兼顾公平"游戏规则下的成功之路。当然这也是华为作为企业的期望,希望每一个员工充分地利用好这个人力资源管理准则。这既能推动员工成功,也能推动华为成功。

这句话里包含三个"依靠"。第一个"依靠"是"依靠"自身的努力与才干,争取公司提供的机会。这很容易懂,就是在告诉员工,企业会把机会给那些努力又有才干的人,这两个要素,缺一不可。其实这就是价值观的问题。作为一名华为员工,你不仅要愿意努力工作,而且揽下"瓷器活"的时候还得有金刚钻。你不仅努力,还有能力、有才干,就可以了,这样你就会获得公司的发展机会。

"努力"是一种主观意愿,人可以自己决定努力或者不努力。要不要努力,完全是自己内心的一个决定,转变过程是一瞬间的事情。但是另一个要素——"才干"可不是这样的。"才干"是需要时间来积累的,不是愿意有就会有的。

第二个"依靠",是"依靠工作和自学提高自身的素质与能力",这是帮助员工解决"才干"问题。所谓提高自身的素质与能力,就是提升自身的才干。怎么提高呢？要依靠"工作和自学"。这似乎是人人都知道的笨办法，但仔细琢磨一下，难道还有更好的办法吗？对于华为的员工而言，提高自己的素质与能力，除了"工作和自学"，还有哪些路径呢？到华为大学学习？或者请有经验的老同事当师傅？或者去参加一个脱产的学习班，请个"大神"指点一下？仔细琢磨琢磨，还真的没有比"工作和自学"更靠谱的途径了。

先说"自学"，这肯定是个人提升最有效的方法了。对于已经到工作阶段的人来说，当然不能用校园教育的方式来提升自己，光靠公司安排的培训也是不可能的。一个人只有自己产生强烈的学习欲望，才会真正吸收知识；而且一个人只要想学习，就能找到充足的学习材料。优秀的人是自己让自己变优秀的，绝不可能等着别人来把自己教育得更优秀。对于成年人来说，自学是自己应该承担的基本责任，公司给予的培训是为了保证员工能满足最低的工作要求。要想有能力把握更大的机会，必须不断提升自己，而自学是自我提升最靠谱的办法。别指望其他人负责你的终身教育与成长，任何公司都不可能也不应该承担这样的责任。孟晚舟有一次在北大演讲的时候说："我们不鼓励加班，但是人生的差别在8小时之外。"8小时之外的时间是选择娱乐、休闲，还是选择学习提升，对自己的素质、能力或者说才干会产生完全不同的结果。对于公司来说，不同选择的人就有完全不同的价值。

除了"自学"，员工还能依靠"工作"来提高自己的素质与能力。和"自学"不一样,"工作"在提升自身的素质与能力方面,有时候作用不那么明显,那么这里就还有些内容需要再补充强调一下——也就是第三个依靠,"依靠创造性地完成和改进本职工作,满足自己的成就愿望"。

这里对如何完成工作提出了更高的要求,那就是要"创造性地完成和改进"本职工作。每天定时定量地完成工作,做一天和尚撞一天钟,并不能提高你的素质与能力,对你获得更优秀的机会也没有太大的帮助。你需要"创造性地完成和改进"本职工作,同样的工作要有更好的解决办法,要不断创新和改进。同样的事情干得更好,那么素质与能力当然就会在这个创新与改进的过程中不断提高了。

这里还强调了要创造性地完成和改进"本职工作",意思就是不要总是惦记着别人的工作。不要为了证明自己的才干,表现超凡的素质与能力,动不动就提出全公司整改的方案来。

华为很明确地希望每一个员工在"本职工作"领域,寻求"创造性地完成和改进"的办法,这样做,工作才会获得提升,进而个人得到发展机会。

第五十八条最后说"我们从根本上否定评价与价值分配上的短视、攀比与平均主义"。这个话语的分量很重,不是一般的不赞同,是"从根本上否定"。为什么要用这么重的分量呢?因为"评价与价值分配"是结果,而第五十八条讨论的核心问题"机会"。正是因为存在机会分配上的差异,注定会带来"评价与价值分配"

的差异。这是自然而然的结果。如果有人要人为地对抗这个自然结果，调节"评价与价值分配"，那么就破坏了前端竞争的公平性。这对有贡献的人来说是不公平的，这些人会觉得：我还这么努力干什么？要"创造性地完成和改进本职工作"，又要自学提高自己的素质与能力，要付出那么多努力，我为什么要吃这么多苦？

还记得华为人力资源管理的基本目的吗？基本目的有两个：建立一支队伍和创立一种机制。这个机制就是"自我激励、自我约束和促进优秀人才脱颖而出的机制"，那么现在用公平竞争的手段分配发展机会，就是在创立这种机制。如果有人要推翻因为机会差异而带来的"评价与价值分配"差异，那么就没有人会努力去争取机会了。对于华为来说，它就失去了发展动力，这将是致命的。

所以，正是这最后一句话把机会与评价和价值分配的整个链条关联了起来，加深了我们对"效率优先，兼顾公平"原则的理解，也让我们觉察到在机会分配方面展开竞争，并保障竞争的公平，并不是一条充满着鲜花与掌声的道路，是要承担巨大压力的。

公开

原文：第四章第一节第五十九条（公开）

我们认为遵循公开原则是保障人力资源管理的公正和公平的必要条件。公司重要政策与制度的制定，均要充分征求意见与协商。

抑侥幸，明褒贬，提高制度执行上的透明度。我们从根本上否定无政府、无组织、无纪律的个人主义行为。

了解了"公正"和"公平"的具体内容后，我们已经明白"公正"的核心是"评价"，对员工做出公正的评价——包括绩效评价与能力评价；而"公平"的核心是"竞争"，保障员工拥有竞争公司内发展机会的公平，鼓励员工依靠自身的努力与才干去争取发展机会。公正和公平加到一起，就体现在公司许诺会公正评价员工的能力，而且会基于每一个人的能力和努力程度，让全员公平地去竞争发展机会，之后公正地评价员工的绩效，最后根据这些综合表现来分配价值。华为希望通过这个流程，在内部营造一个良性的竞争氛围，从而让员工在工作和学习上保持不懈的努力。这样公司内部充满活力的场景，是华为人力资源管理的追求。

但如果没有"公开"，"公正"和"公平"就实现不了。这是为什么？我们可以从两个方面来理解。一方面，从公司角度来说，如果没有"公开"就有可能存在舞弊，所谓"让权力在阳光下运行"，阳光是最好的杀毒剂。另一方面，从员工的角度来看，假如不"公开"，就算公司做到了"公正"和"公平"，因为员工不知道公司是怎么做的，所以就会不信任，那么各种各样的猜测就会发生。这种情况下，我们希望由"公正"和"公平"创造的那个环境与机制就不会形成，整个人力资源基本准则就失败了。所以不论是从公司角度还是从员工角度，"公开"都是必需的。

如果"公开"是必须的,那么怎么做呢?华为的答案是:公司重要政策与制度的制定,均要充分征求意见与协商。

首先,这里指明了"公开"的对象是"重要政策与制度的制定",因为这些"重要政策与制度"会给员工的工作带来大的影响,所以要"充分征求意见与协商"。所谓"充分征求意见与协商",就是问员工,这个制度大家觉得怎么样,对未来这样执行有什么看法,员工提出的意见公司是如何考虑的……但是基本法并没有把决策权放出去,也没有让大家都来"投票",这些重大决策要遵循基本法第三章第五十三条提出的"民主决策,权威管理的原则",这里仅限于"征求意见与协商",让大家知道这些重要政策与制度是这样制定的。员工明白这个过程,了解了前因后果,"公开"的准则实现了,就达到公司的目的了。

抑侥幸,明褒贬

"抑侥幸,明褒贬,提高制度执行上的透明度",再加上前面说的重要政策与制度的制定过程公开,那么"公开"这个准则就算是做到了。

什么叫"抑侥幸"呢?就是告诫华为的管理者不要有"侥幸"心理,觉得某件事情不公开也不要紧,大家可能不会每件事情都盯那么紧,特别是有些事情本来就没几个人知道,偷偷地把它办好就行了;甚至觉得有些事情是本来就是公正、公平的,但是一公开就变得特别复杂,反而讲不清楚,还不如不吭声,直接办完。比如,某部门准备根据制度提拔一个员工，偏偏他就是某个领导的亲戚，但这次提拔是公正公平的，绝对没考虑这种关系因素，于是部门领导想着反正也没人知道，所以就不要公开了。这一条就是怕管理者会犯这样的错误，所以提出"抑侥幸"，千万不能有侥幸心理。

"明褒贬"，就是搞清楚什么是对的，什么是错的，"公开"的基本准则必须要坚持。

从根本上否定"三无"

最后，华为强调："我们从根本上否定无政府、无组织、无纪律的个人主义行为。"这是一句指向非常模糊的话，为什么会出现在这个地方呢？

这是因为"公开"是"三公"准则里最基础的一条，同时也是最麻烦的一条。正是明白"公开"准则非常难执行，知道大家在这个问题上会遇到困难，容易内心动摇，所以基本法在最后一句话中指出了"公开"准则可能遇到的心理阻力，这种阻力就来源于"无政府、无组织、无纪律的个人主义行为"。"从根本上否定"这样的行为是因为怕个人主义冲昏了头脑，"公开"这个准则执行不到位。若"公开"做不好，"公正"与"公平"就无从谈起，那么华为的人力资源管理基本准则就变成了口头上的空谈，华为的队伍和机制就受到伤害了。

人力资源管理体制：拒绝终身雇佣制

原文：第四章第一节第六十条（人力资源管理体制）

我们不搞终身雇佣制，但这不等于不能终身在华为工作。我们主张自由雇佣制，但不脱离中国的实际。

《华为基本法》第四章"基本人力资源政策"第一节"人力资源管理准则"的前五条内容，也就是第五十五至五十九条，讲了两个主题：一个是人力资源管理的基本目的，一个是人力资源管理的基本准则。目的很简单，就是要一支队伍，一个机制；而基本准则也不复杂，6个字——公正、公平、公开，只不过这个"三公"准则用了四条的篇幅来阐述。接下来第一节里还有第三个模块，叫"人力资源管理体制"，这样我们就明白，第四章第一节的核心逻辑体系就是由人力资源管理的基本目的、基本准则和管理体制三大模块组成的。这三个模块组合在一起，大致就能确定华为人力资源管理的基调了。

华为不会管你一辈子

很明显,华为是不承诺管员工一辈子的,员工干得不好,公司就不再续签合同了。曾经闹得沸沸扬扬的华为清退事件,缘于有员工在论坛上爆料说华为开始清退34岁以上的老员工。华为官方声明并不存在这样的政策,只是个别情况。这时候任正非并没有讲安抚大家的话,说你们放心,华为会继续雇用你们的,而是说:"30多岁年轻力壮,不努力,光想躺在床上数钱,可能吗?"(任正非,《在泰国与地区部负责人、在尼泊尔与员工座谈的讲话》,2017年)意思很明显:你要是不好好干,就开掉你。尽管华为声称没有发布清退34岁以上员工的政策,但是舆论选择相信有这么回事。在大家的概念里,华为就该这么干,这才符合华为的风格。

对华为来说,人力资源体制选择不搞"终身雇佣",是理所当然的事情,如果要搞,那才叫奇怪。什么是终身雇佣制?就是铁饭碗,比如我国的公务员就基本上是终身雇佣制,一旦进了体制内,只要不犯错误就能一直干到退休。每年国家公务员考试的场面那么火爆,其中有一部分人就是抱着今后不至于失业的心态来的。但是,终身雇佣制会伤害企业竞争力,所以近年来国企在逐步打破铁饭碗,放弃终身雇佣制。

那么,《华为基本法》为什么非要提及这条制度呢?不知你有没有真的考虑过,华为放弃终身雇佣制,到底放弃了什么?

为何一定要放弃终身雇佣制

第二次世界大战中，日本遭受了原子弹的打击，多年的战争支出导致国家负债累累，作为战败国失去了战前所拥有的全部海外殖民地和世界市场，国民经济陷入崩溃，民众生活苦不堪言。就是这样一个几乎被置之死地的岛国，在1968年竟一跃成为资本主义世界里排名第二的经济强国，还把美国大量的优秀企业搞得灰头土脸。

一时间，研究日本企业管理成了热门话题。美国的管理学家聚焦研究日本企业的时候发现，在战略、流程和组织这些方面，日本企业与美国企业相比并没有什么特殊之处，差别在"软"的方面——企业文化。

日本企业更加注重长期发展，而美国企业注重短期。在长期的视角下，日本企业最看重员工的品质是忠诚。能力不是第一位的，只要忠诚，能力可以慢慢提升。

被尊为经营之神的松下幸之助就提出："松下员工在达到预定的退休年龄之前，不用担心失业。企业也绝对不会解雇任何一个'松下人'。"这就是最早表达出来的终身雇佣制。终身雇佣制奠定了企业与员工之间长期关系的基础，企业可以确保员工的持续成长，员工也可以得到固定的保障。松下开创的经营模式被无数日本企业仿效，终身雇佣制也为"二战"之后日本经济腾飞做出了巨大贡献，成为美日企业模式的重大差异点。威廉·大内在《Z理论》一书里说道，终身雇佣制是日本企业的第一大特点，是日本企业超越美国企业的重要原因。

由此看来，终身雇佣制使得企业与员工之间的心理契约十分牢固，使双方成为命运共同体。看起来会导致企业没有活力的终身雇佣制，反而有这么多优点，但华为坚决地放弃，又是为什么呢？

其实通过基本法第五十六至五十九条的内容，我们就知道华为的人力资源政策是要在内部引入充分的竞争，且要保障这个竞争是公平的，评价是公正的，过程是公开的。有竞争就会有淘汰，可是终身雇佣制不能有淘汰，那么采用终身雇佣制就会和前面的"三公"准则冲突，就会降低员工内部竞争的动力，令企业内部缺乏活力。所以，华为不敢给员工发铁饭碗，因为这样的体制将使得华为人力资源管理在内部逻辑上出现矛盾。

不搞终身雇佣制是华为在人力资源管理基本准则之下的一个逻辑选择，否则其制度就会自相矛盾。通过对终身雇佣制的梳理，我们也明白华为提出不搞终身雇佣制并不是一个轻松的选择，会面临很多的问题。所以，华为在提出这一点后又打了一个补丁，"但这不等于不能终身在华为工作"。显然，这是在安抚员工的情绪，希望大家不用太担心，企业是支持员工终身在华为工作的，前提是好好干。实际上，华为成立30多年，有大约19万名在岗员工，工号也只排到40多万。很多员工是换过工号的，不止一个工号。比如，2001年前的员工有3个工号，2001~2009年进入华为的员工有两个工号，而且还有一些工号的号段是做了预留的。这么一算，实际上华为30多年来离职员工只有16万人。客观地说，人员流动非常小，很多员工整个职业生涯都在华为工作。华为现在的高层管理团队中绝大部分都是在华为工作很多年的，它有很多事实上的终身雇佣案例。虽然华为不搞终身雇佣制，但是很多人终身在华为工作。

悬起达摩克利斯之剑

既然不搞终身雇佣制，那要怎么做呢？华为提出："我们主张自由雇佣制，但不脱离中国的实际。"

所谓自由雇佣制，和终身雇佣制恰恰相反，是典型的美国式雇佣关系的一项基本原则。指雇佣关系没有确定期限，任何一方都可以在任何时候，以任何理由，甚至没有理由地终止雇佣关系，且并不因此承担法律责任。[1]

这种情况下的雇佣关系比较灵活，企业具有非常高的主动性，员工不好好干就会被解除劳动关系。自由雇佣制对于华为而言，最大的价值就是给"三公"准则找了一个出口，所有内部竞争失

---

[1] 我国《劳动法》和《劳动合同法》都不支持纯粹意义上的自由雇佣制，华为推行的自由雇佣制是在法律框架下的自由雇佣制。——作者注

败的人都有可能被公司放弃。虽然绝大多数员工会获得续签，但是员工如果不努力，就会被辞退。这样一来，每个人头上就都悬着达摩克利斯之剑了，这就是《华为基本法》第一条说的"通过无依赖的市场压力传递，使内部机制永远处于激活状态"。

而所谓"不脱离中国实际"，就是要考虑到在中国文化的大环境下，员工心理上的接受程度。自由雇佣制的目的在于激活企业内部活力，只要内部有活力，员工队伍稳定还是很重要的。所以虽然华为没有和员工签署无固定期限的劳动合同，但提出每满8年员工可以重新签一次劳动合同，大部分员工都会得到续约。这样，公司内部就不会造成大面积的职业安全恐慌，而且对业绩差的员工又有很好的威慑力。对于那些年龄比较大，在华为工作时间比较长的员工来说，华为并不会无情地辞退。华为规定，年满45岁的员工就可以申请退休，而且如果员工在华为工作满15年，退休时公司会按照一定级别批准保留该员工的公司股票。这样来看，华为还是有一些人情味的。

更加重要的是，华为不是简单地放弃终身雇佣制，而是为这个自由雇佣体制做了大量的配套工作。这其中既有员工关怀层面的，例如高质量的伙食、各种员工福利；也有利益分配层面的，比如高薪酬水平，98%以上的股权给员工；还包括政策机制层面的，比如"三公"准则和相关配套政策。甚至还有思想统一、企业文化建设方面的，《华为基本法》就是其中一项工作。通过这些综合配套举措，员工就能理解自由雇佣制并不是针对谁，而是华为发展必须依赖的核心体制。这使得华为在自由雇佣机制下达成了一个高水平的员工与企业的心理契约。

  总而言之，华为人力资源管理体制选择自由雇佣制是原则问题。公司会尽力在自由雇佣的体制下，在"三公"准则为基础的内部竞争环境下，让华为员工能够与公司组建成命运共同体，有职业安全感，能够立足长远，形成强大的凝聚力，同时又有职业危机感，能够不懈地奋斗。这看起来有点矛盾，但华为的智慧恰恰是通过平衡好这些矛盾体现出来的。

内部劳动力市场：双向淘汰的角斗场

原文：第四章第一节第六十一条（内部劳动力市场）

我们通过建立内部劳动力市场，在人力资源管理中引入竞争和选择机制。通过内部劳动力市场和外部劳动力市场的置换，促进优秀人才的脱颖而出，实现人力资源的合理配置和激活沉淀层。并使人适合于职务，使职务适合于人。

来者不善的内部劳动力市场

"内部劳动力市场"是华为在落实自由雇佣制时设计的一个特别举措。环顾身边的其他企业，提出"内部劳动力市场"的比较少，如果不谈劳动力，提出过"内部市场"的企业却是非常多的。然而，最后成功引入内部市场化机制的企业少之又少。内部市场是一个特别让人喜欢的概念，在内部引入市场，看起来是多么美好的机制啊。但事实上做起来是成功的少，失败的多。很多企业引入内部市场化机制后最后的结果都是"内战内行，外战外行"——无穷无尽的内部议价、谈条件和扯皮。包括特别流行的阿米巴经营管理模式也是因为这个问题，导致学的人多，做好的非常少。内部市场化是一个十分困难的机制，从深层次看，内部和市场本来就是两个天然存在逻辑矛盾的概念。既然是内部，它就不是市场；既然是市场，它就是外部。

为什么要用"内部劳动力市场"这样有点矛盾的短语来做第六十一条的主题词呢？从第一句话里就能得到答案："我们通过建立内部劳动力市场，在人力资源管理中引入竞争和选择机制。"这里清晰地表达了建立"内部劳动力市场"的基本动机，就是要在人力资源管理中引入"竞争和选择机制"。在《华为基本法》里，"内部劳动力市场"是新东西，但是人力资源管理中的"竞争和选择机制"就不算新了。从"三公"准则到自由雇佣制，都是围绕人力资源管理的竞争机制来构建的，"内部劳动力市场"只是一个自然而然的逻辑结果。因为市场的基本属性是竞争，华为希望在内部引入竞争，把市场机制引入到内部来，在内部模拟一个市场环境。在这样的市场环境里可以有虚拟的供应方和需求方，只要竞争和选择机制能够被引入就可以了，因为这样能破除员工的安逸感。

但是因为内部和市场是一对冲突的概念，所以内部劳动力市场本身就存在先天逻辑缺陷，它毕竟是一个虚拟的市场，供应方和需求方都是假的，所以这个市场存在一种风险——大家都知道这是虚拟的，是"过家家"，一旦上级领导发话，这个市场就不灵了，员工不用认真对待。如果想要让这个机制真正发挥作用，还得借助真正的市场。

因此，华为的做法是"内部劳动力市场和外部劳动力市场的置换"。所谓置换，就是从内部找出来不合适的人后，通过外部劳动力市场的机制，真正把不合适的人推出去。这时候，自由雇佣机制就开始发挥作用了。公司只保障这个过程是公开的，对员工的评价是公正的，员工在内部和外部劳动力市场置换的过程中如果不幸被公司解聘，那么公司确保这是公平的，并不是针对个别员工。这样做的目的就是希望"促进优秀人才的脱颖而出，实现人力资源的合理配置和激活沉淀层"。

优化人力资源配置

从这个目的能看出来，其实建立内部劳动力市场，并不是企业只想着怎么为难员工，这个机制的目的是包含两个维度的。一个维度是，对那些落后的人，通过可以与外部进行置换的内部劳动力市场，给他们巨大的威慑力——如果做不好，就会被解除劳动关系，这就叫"激活沉淀层"；另一维度是，这个内部劳动力市场并不是只淘汰员工，既然是市场就存在双向选择，也就是说有一些优秀的人有可能会反向淘汰他的岗位或者领导。

一般来说，员工如果干得不满意，能做的事情有两件：第一是把不满说出来。抱怨的员工往往让管理者觉得讨厌，因为大量的抱怨是无意义的，很多人不好好做自己的工作，牢骚却一大堆，这只会增加企业的负能量而已。但是，有一种情况是我们要重点关注的，就是有些员工业绩非常好，抱怨却很大。业绩好证明他是有能力且负责任的人，这样的人如果有很多抱怨，很有可能是公司有什么地方没做好。如果抱怨了一段时间事情还没得到解决，员工可能做的第二件事情就是离开。这种情况下，员工"炒掉"公司，公司就受到损失了。

尤其在华为，这种损失非常大。华为在招聘和挑选员工方面十分认真，孟晚舟会亲自去做招聘演讲。在给一个新员工发出录取通知的时候，哪怕员工还没来报到，华为就已经投入了不少成本。新员工初到华为是不可能立刻上岗的，根据不同岗位的需求和员工情况，要经历好几个月的培训。这个阶段员工不创造价值，企业却要给他们发工资，这是消耗成本的。之后新员工上岗，还要经历岗位的适应期，所以等到一个员工真正发挥价值的时候，公司已经付出很多成本了。而这时候，因为某些非原则性的问题就导致老员工离开，是得不偿失的。其实，对于任何公司来说，老员工离职都是一个巨大的损失，只是华为比较关注这个问题。

华为的内部劳动力市场可以应对这个问题，就是让员工选择公司内其他岗位。如果员工对现在的岗位或领导有意见，但是对华为公司还是认同的，那么可以通过内部劳动力市场换岗位。这样，

03 为人力资源管理体系定基调

就能让优秀的人才有更大的生存空间,这就是第六十一条说的"促进优秀人才的脱颖而出"。

一方面支持优秀人才在企业内部寻求更好的发展,一方面给相对落后的员工施加压力,这样,内部劳动力市场就能够实现人力资源更合理的配置了。

企业最终期望达到的状态,就是第六十一条最后说的:"并使人适合于职务,使职务适合于人。"使人适合职务,就是员工满足岗位要求,否则公司就通过内部劳动力市场把该员工换掉;而使职务适合于人,就是要求各级管理者设计自己部门工作岗位的时候,要充分考虑到人的问题,否则下属就可能通过内部劳动力市场把管理者"炒掉"了。如果"炒掉"管理者的下属多了,管理者就必须反思是不是自己设计的工作岗位和职务有问题,要考虑重新设计工作,使得职务更加适合于人。

最早的时候,华为在公司人力资源部的招聘调配部下面设了一个"内部资源池",这个"内部资源池"是一个不怎么快乐的地方,主要作用是承接绩效评价排在后5%的人。华为的绩效评价里有一组概念,叫"绝对考核"与"相对考核"。所谓"绝对考核",就是员工完成的工作和工作标准相比,是不是达标;"相对考核"是员工和团队其他成员相比,是领先还是落后。这里采用强制排序的机制,也就是不管整个队伍多么差劲,总有相对靠前的人。同样的,队伍不管多么优秀,总有相对落后的人。在相对考核的原则下,如果员工的绩效评价排在部门后5%,是要被部门淘汰的。

这些人先被淘汰到"内部资源池",进了"内部资源池",就意味着部门把这名员工"炒"了,只是公司还没有与员工解除劳动关系,想看看还有没有其他部门愿意要。因为华为一直处于高速发展的状态,所以各部门缺人是常态。而"内部资源池"里面的人是不需要参加为期几个月的入职培训的,基本上来就可以上岗,所以不少人在这里获得了新机会。这就是内部劳动力市场在发挥作用。

如果某个员工因为业绩差进了"内部资源池",又被其他部门录用了,这对员工和公司来说是双赢。假如员工到了新的部门还是业绩不好,又被淘汰到"内部资源池",那他再被"捞出来"的可能性就很小了,一般部门不敢要这种人。没人要的话,那么下一步这个人就会被解除劳动关系。这就是内部劳动力市场开始和外部劳动力市场置换了。当然,如果员工离职,公司会给员工出一个光鲜亮丽的离职文件,便于他在外面找工作。华为的离职员工往往是十分抢手的,这样也算是员工和华为公司实现了双赢。

有一些员工因为业绩差进了"内部资源池",然后被某个部门"捞起来",经历了这个惊险一跳之后,在新的岗位上大放光彩,业绩变得十分优秀,奖金拿得很多,任职资格升得快,不断被提拔。这些人就成了榜样,给那些想换部门的人增强了信心。那些在自己部门不如意的人,或者是兴趣点不在目前岗位上的人,就想主动进入"内部资源池",通过这样的方式来实现内部岗位置换。

当员工主动换岗位的意愿越来越显性化之后,内部劳动力流动的需求也就越来越大了。于是华为索性大张旗鼓地建设起"内部人才市场",建设了专门的内部人才市场网站,各部门可以在这里发布自己的岗位需求,所有的员工也都可以发布自己的个人简历。相应的管理规则也逐渐清晰起来。

比如针对"内部资源池"。进入资源池有两种路径,一种是因为绩效差而被淘汰进去的,一种是自己主动进去的。

在华为,只有13级以上的员工才会被淘汰进"内部资源池",因为7~12级属于生产工人级别,对这种级别,华为采用的是绝对考核的办法,只要满足岗位要求就行,不采用强制分布和末位淘汰机制。普通全日制大学毕业进入华为的员工都是13级起步的,而13级以上,就要面对相对考核的强制排序了,就会有被淘汰的风险。

同时,华为要求试用期的新员工不允许被淘汰,因为在末位淘汰制中有一个很常见的现象,那就是部门领导不知道让谁排在强制分布的末位时,试用期的新员工往往容易"中招"。华为认为,部门领导有责任帮助新员工成长,并且部门领导亲自招进来的人,试用期都没过就把对方放回资源池,证明管理者在招人的时候是不慎重的。

另外,违反了华为BCG准则的人不能进资源池。BCG准则全称叫《华为员工商业行为准则》,这是一份以廉洁自律为核心的文件,有1万多字,规定非常细致,包括不能在办公室喝酒,不能有暴力、歧视行为,要注重信息安全,不能私费公报,等等。每个华为员工都要学习并遵守,一旦违反,就要被严肃处罚。大多数情况是开除，甚至会追究法律责任。

所以，被淘汰进入"内部资源池"的人需要满足这三个要求：13级以上员工，过了试用期和没有违反BCG准则。

满足了这三个要求的、绩效评价排在部门后5%的员工，进入"内部资源池"之后，就在这里等着别的部门来"捞"，或者自己抓紧找其他部门的岗位。这时候，公司还会继续给员工发全额工资，但三个月之后如果员工还没有被其他部门"捞走"或者还找不到适合自己的岗位，公司就只能给员工发当地最低工资了。如果又三个月之后员工还在"内部资源池"里，就只能被解除劳动关系了。

除了因为业绩差而被淘汰进入"内部资源池"，普通员工还可以自己主动申请进入，前提条件除了13级以上员工，过了试用期和没有违反BCG准则，还要求员工在现有岗位上最少工作1年以上。如果是海外的岗位，需要工作两年以上才能提出进入，避免员工原岗位的工作没干好，或者还没适应原来岗位的工作就跳槽了。同时，跳槽还有频率要求，就是进了一次"内部资源池"之后，最少要间隔两年才能重新进入。这样做是防止有些员工一遇到工作压力就跳槽，影响正常工作的开展。之前华为对主动进入资源池的员工，还会要求其业绩考核不能有D或者连续两个C，现在为了促进人才流动，已经把这个规定取消了。

主动进"内部资源池"是一个高风险的行为，和被淘汰进入"内部资源池"的人不一样的是，主动进入的人只能发一个月的全额工资，第二个月就开始发最低工资了，如果三个月还找不到想去的岗位，就会被公司解聘。所以没提前找到下一个想去的岗位的员工，不会贸然主动进"内部资源池"。

双向选择，盘活人力资源

在华为，员工想去其他部门其实还有一条更加光明正大的道路，就是走内部的"部门协商调动"。但是很少有人愿意走这条路，因为这个办法要求员工的原部门领导和新部门领导达成一致，再调员工过去。这对员工来说是有压力的，该怎么跟自己的领导说？难道说我看你不顺眼，所以想走？说我们部门不如别人部门钱多？对于员工来说，这些理由都说不出口。万一调动没有成功，领导说不定就会给员工穿小鞋，或者给员工特别低的绩效评价。所以走"部门协商调动"要有光明正大的工作理由才行。而走"内部资源池"，就不需要原部门领导同意。当员工决定进入之后只需要发起一个电子流程申请资格审查，审查通过之后，员工只需要通知一下自己的部门领导，领导同不同意都无所谓。按规定，工作交接时间最多不超过30天，海外岗位交接期最长是3个月，交接期之后，员工就自由了，部门领导是无法阻拦的。只是员工一定要把控好时间，尽量在每年的6月15日和12月15日之前办完调动。否则绩效考评还会在原部门，那原部门领导十有八九会给C的评价。如果在这两个日期之前办完手续，考评就会在新部门进行，而新部门一般会善待新员工。

这种跨过上级领导的内部跳槽制度给华为员工带来了巨大的福利，大家发现，这是一个改变命运的好办法。2018年有大约7000人通过内部人才市场跳槽到了其他部门，而当年华为公司总共只有约18万人，这个比例是偏高的。不过，如果你不是专业技术类的员工而是管理者，就不能跨过上级直接跳槽。管理者可以通过内部人才市场找工作，但是最后还是要上级审批同意才行，毕竟作为管理者，牵涉面比较广，而且华为也不鼓励管理者这么拍拍屁股就走了。专业技术员工之所以可以走，一方面是华为希望让技术人员找到更好的发展岗位，另一方面就是倒逼管理者提高自己的管理能力。

既然有大约7 000人离开原部门，那就意味着有新部门接纳了这7 000人。所以华为的部门领导们发现内部人才市场是一个特别好的招聘市场，现在挂在其中的岗位大约有一万个。内部人才市场是动态的，在里面求职的人有两三万人，不求职只是浏览的人大约有10万。好笑之处在于，外界公认的好公司——华为，有大约18万人在上班，却有两三万人不想在自己的原岗位工作了，有近10万人内心蠢蠢欲动。关键是这些人并不是业绩特别差、干不下去的人。2018年的统计显示，华为公司75%的换过岗位的员工，都是绩效评价在A和B+的。这就说明华为最优秀的一批人对自己的工作不满意。而且，华为的情况通过内部人才市场暴露出来了，其他公司还不知道是究竟如何。一边努力工作，一边考虑离职，是大多数员工的日常心理状态，管理者需要很大的勇气才能正视这个问题。

华为的很多员工在心声社区发帖子感谢公司的内部人才市场，说市场改变了自己的职业生涯，甚至有人认为这是华为制定的对员工最有价值的政策，让员工可以轻易地"炒掉"自己的领导，同时还能继续在华为工作。内部人才市场是非常人性化的，它不仅支持员工在公司内部找工作，而且员工发布个人简历后，简历是对自己部门屏蔽的。也就是说，本部门领导看不见这名员工的简历，所以如果员工没找到更好的岗位，也没什么损失。员工在找好下家要走的时候再告诉领导，这时候主动权就在员工手里了。作为管理者真是"压力山大"，有些部门在短时间内连续流失好几名骨干力量后会马上召开专项会，讨论自己部门的管理在哪些方面有问题，为什么留不住人才。

现在华为的内部人才市场里，因为业绩差而被淘汰的人是很难重新找到工作的，因为用人部门可以在几乎所有华为员工里面挑选人才，业绩差的人是很少有部门去"捞"的，所以如果员工业绩差，在公司基本上就待不下去了。发展到现在，内部人才市场主要服务的对象是自由流动的员工，这就真正实现了人力资源管理中引入"竞争和选择机制"的初衷，确实促进了优秀人才脱颖而出，保障了人力资源的合理配置。

内部劳动力市场是少数同时受到华为员工和公司高层喜爱的机制，任正非在2018年5月的EMT（Executive Management Team，经营管理团队）会议上就说："我们要更多地消化内部劳动力转岗……一般性岗位，以内部招聘为主。"后来在任正非签发的2018年061号总裁办电子邮件《破除枷锁 开创未来》里也提到："未来业务发展需要多元化的人才，不要忽略内部人才的激发和使用……要进一步盘活现有资源。"可以看出来，这个思想是和《华为基本法》第六十一条是非常一致的。

人力资源管理谁负责

原文：第四章第一节第六十二条（人力资源管理责任者）

人力资源管理不只是人力资源管理部门的工作，而且是全体管理者的职责。各部门管理者有责任记录、指导、支持、激励与合理评价下属人员的工作，负有帮助下属人员成长的责任。下属人员才干的发挥与对优秀人才的举荐，是决定管理者的升迁与人事待遇的重要因素。

在制定了人力资源管理的目标、准则和体制之后，谁来执行这个体制和准则，谁负责实现人力资源管理的目标呢？第六十二条就是要解决这个问题。

人力资源管理工作应该由谁来负责？这是困扰很多人的问题，甚至很多人被这个问题困扰了但没意识到这是一个问题。可能有人会回答说："这不是明摆着的事情吗，专业的人干专业的事，销售部门搞销售，生产部门搞生产，财务部门管财务，当然是人力资源部门管人力资源了。"这似乎没什么不对。

那么，到底可不可以在人力资源部集中优势力量，打造一个强大的专业人力资源管理部门，解决公司全部的人力资源管理问题，达到人力资源管理的基本目的——得到一支好队伍和一个好机制呢？

肯定有人相信是可以的，但是华为不信。在华为看来，"人力资源管理不只是人力资源管理部门的工作"。当然，人力资源部作为专业部门肯定要承担人力资源管理的责任，只是这样还不够，还要让全体管理者都参与进来。那这些管理者需要做什么呢？各级管理者是如何对公司的人力资源基本目的，也就是公司的队伍和机制建设做贡献的呢？

"各部门管理者有责任记录、指导、支持、激励与合理评价下属人员的工作，负有帮助下属人员成长的责任。"这句话提出，管理者需要对下属人员承担责任，既然是管理者，就要管好下属，这就是对公司的队伍和机制建设做贡献，这就是在做人力资源管理。在这句话里，管理者对下属的责任包含两个方面：工作和成长。

前半句一口气用了五个动词，记录、指导、支持、激励和评价，这难道就是华为认为的人力资源管理？如果这就是人力资源管理，并且是各部门管理者要负责做好的，那人力资源部不就没什么事情要做了吗？

稍微深入了解之后再看这五个动词所指向的五种行为，其实是企业里管理者非常普遍的行为。或许正是因为这些行为特别常见，导致一些企业对这些行为的重要性认识不足，不曾系统地考虑它们。如果认为这就是人力资源管理，那好办，我们就循着这个思路，把这五个词语分别展开来看，到底各级管理者要怎样来承担人力资源管理的责任，同时也考虑一下，人力资源部到底要干什么？

记录

记录，就是下属过去干了什么以及他未来要干什么，管理者得记录下来。记录本身很容易，但是却很麻烦，除非管理者认识到这件事的重要性，否则关于下属工作的记录就是零散的，这里记一点，那里记一点。工作记录不系统、不完整、不准确以及不及时的情况下，就会出现连锁反应。比如管理者需要下属去做某件事情，但是没有留下完整、准确的记录，下属做了一段时间后觉得自己做完了，结果管理者发现下属做得并不好，和预期相差甚远。但下属说："领导，我当时觉得你就是让我做这个啊！"管理者再把下属批评一顿，让下属回去重做。这样一来，事情没干好，双方都不高兴，效率低下，士气也低下。

如果工作完成之后缺乏系统、及时的记录，可能管理者和下属慢慢就忘记这些事情了，等到年底要评价员工的时候，因为事情太多太久，就只记得近期发生的那几件事。这样评价就不容易做到客观公正，最后给出的员工评价肯定有失公正。基本法第五十七条的公正准则无法做到，更不要谈从过往的工作中汲取经验和教训。

记录做不好，队伍就肯定带不好，管理机制也肯定建设不好。但记录工作做起来又是一件非常困难的事情。这个难首先难在对工作的定义上——要记录下属的工作，先得在工作逻辑上梳理清楚他的工作责任是什么，具体要求是什么，评价指标是什么。有些管理者并不仅仅是觉得记录工作麻烦，还因为下属的工作定义本身就是模糊的，反正记录不清楚，索性就不记录了。之后一切的管理行为全凭感觉，这样一来队伍建设和机制建设的质量自然不会高。

这时候，人力资源部就要出马了。人力资源部要为各级管理者赋能，让管理者有意愿记录，有能力记录，有方法记录。比如告诉各级管理者如何开展工作分析，如何编制岗位说明书，如何给各个员工定义好他们的岗位职责，并且教会管理者如何做绩效计划，通过周期性的绩效计划规范完整地记录好全体员工的工作，等等。这时候记录工作的第一责任人与获益方是业务部门，人力资源部只是为这件事提供方法、工具、规范和准则。

指导与支持

记录之后是"指导"，它和"支持"面对的场景是一样的，就是下属做某项工作的时候遇到了困难,这时作为上级就有必要进行干预。这种干预就是"指导"或者"支持"下属。

要实施"指导"和"支持"这样的行为是有前提的,就是管理者需要知道下属已经遇到或者将要遇到困难了。但是管理者怎样才能知道呢?

很多时候下属遇到困难不会主动来找领导,起码不会及时地来找领导,总是希望自己能搞定。一旦搞出乱子了,能掩盖的就掩盖过去,实在没办法了,来找领导的时候,可能事情已经是个没法收拾的烂摊子了。但那时候可能损失已经造成,客户已经愤怒了,或者工期已经拖延了,等等。各级管理者开展人力资源管理工作就要解决好这样的问题,要让下属敢于及时反馈,能够及时反馈。

而有些时候,下属不是主观上不愿意汇报自己遇到的困难,而是可能他自己没意识到这样会出问题。所以要想及时地"指导"和"支持"下属并不是那么简单。管理者记录下属的工作时不能只是记录开始的工作计划和完成后的结果,还要记录大量的工作过程信息,并且要查阅、分析这些过程记录,从而判断下属是不是该接受"指导"或者"支持"。

当管理者从下属的反馈态度和公司的反馈信息系统建设两方面着手,能够获得足够的决策信息时,管理者就能把握准确的"指导"或者"支持"时机了。而如何改善员工的反馈态度及公司的反馈信息系统,就需要人力资源部考虑怎样为各级管理者赋能了。

所谓"指导",一般来说就是管理者找到下属,跟他讲这件事情应该怎么办。但很多时候,管理者"指导"完之后,员工就崩溃了。管理者和下属之间的沟通是很多企业非常头痛的问题,特别是下属犯了错误,管理者要跟下属做"纠正性反馈沟通"的时候,真的很难指导,一不小心就可能搞出矛盾。有些时候不沟通不指导还好,一沟通,一指导,不仅没能改善业绩,下属反而被吓跑了。这时候,管理者要想做好指导工作就要提高沟通能力,这是管理者的责任。而人力资源部要为管理者赋能,帮助管理者提高沟通能力。这件事情上主次责任很明显,各级管理者是"指导"的第一责任人,人力资源部是支持者。

给出"指导"之后,下属明白这个问题应该怎么处理,但时常会遇到能力不足的情况。这时候仅仅是"指导"还不够,管理者还要给员工恰当的"支持"。"支持"的手段和方式有很多,可以是管理者亲自帮忙,可以是给下属一个学习与提高的机会,可以是给他更高一级的权限,也可以给他某些独特的资源,等等。管理者要尽量为自己准备多种"武器弹药",以便在下属需要的时候能够给他们有效的支持。而此时,人力资源部就要帮助各级管理者制造足够多的"武器弹药",以便各级管理者有能力"支持"下属。

激励与评价

作为管理者，记录下属的工作，并在他遇到困难的时候给予指导和支持，按理说工作就会做好。然而，这只是在逻辑上实现了贯通，实际情况是每一个下属都不是机器，而是带有情绪的、活生生的人，所以经常出现的问题是这件事情明明能干好，但是某个下属就是不愿意干，他主观上缺乏足够的工作动力。对于管理团队来说，这是一定会遇到的问题。一位在企业里工作的朋友曾经说，所谓的管理，就是管人的情绪。带队伍的人，要不断激励自己的下属，要让他们充满激情和力量去工作，这也是第四个动词"激励"所要求的行为。"激励"的第一责任人是各级管理者，人力资源部在这个时候当然也不能闲着，它要努力为各级管理者提供激励的办法、技巧和方案，还要设计出一些荣誉、奖品和仪式之类的具体方式，让各级管理者在开展内部激励的时候有足够的能力与工具。

当下属被充分激励之后，他们就有动力去完成工作了，接下来，各级管理者还需要对他们进行评价。这就是基本法第五十七条提到的公正评价。管理者要针对下属工作绩效和其在工作中体现出来的能力和态度，给予他公正合理的评价。这个评价今后会成为激励的基础。所以评价也是非常重要的人力资源管理环节，人力资源部当然要全力保障评价体系的公正、合理与规范。

汇总起来看，各级管理者记录、指导、支持、激励与合理评价下属人员的工作是一个非常复杂的过程，这对公司业绩的达成有重大的影响，是人力资源管理工作的重要内容。通过对这五个行为的剖析，各级管理者与人力资源部的主次关系就体现出来了。如果说"记录、指导、支持、激励与合理评价下属人员的工作"是人力资源管理的重要内容的话，那么显然这五项工作的核心责任人是各级管理者，人力资源部只是支持者，它为各级管理者赋能，提供相应的工作理念、方法与工具。

下属决定上级升迁

在讨论了各级管理者对下属在工作方面的责任之后，华为又补充道，管理者"负有帮助下属人员成长的责任"。意思是各级管理者仅仅对下属的工作承担责任是不够的，完整的人力资源管理责任还包括帮助下属成长，否则企业就没法得到一支好的队伍。

为了进一步强调这个责任，华为提出"下属人员才干的发挥与对优秀人才的举荐，是决定管理者的升迁与人事待遇的重要因素"。这说明光业绩好是不够的。任正非曾经说："出成绩的地方，也要出人才，把经验传播出去。公司一定要具有人才可替代性，不能产生人才稀缺性（任正非，《与广州代表处部分员工晚餐会的讲话》，2017年）。"

03 为人力资源管理体系定基调

所谓人力资源管理工作，在华为看来，关键内容就是各级管理者在工作层面对下属进行"记录、指导、支持、激励与合理评价"，同时在成长层面对下属进行培养和举荐。显然，这些事情的责任不是人力资源部能够独立承担的，关键责任人是各级管理者。当然，不是说人力资源部就没有责任，这些事情要做好，需要人力资源部与各级管理者共同承担责任，双方都是人力资源管理的责任者。基本法这一条的重大价值在于引导大家超越人力资源专业部门的角度，超越"选育用留"的人力资源管理思路，从各级管理者的角度和业务实现的角度，帮助大家理解人力资源工作应该如何开展。

04

明确员工的义务和权利

马克思说："没有无义务的权利，也没有无权利的义务。"权利和义务二者是不能切割的，所以华为谈义务，也谈权利。但《华为基本法》中非常微妙的一点是两者的顺序关系——义务在权利之前。从后面的内容也能看出来，华为更加偏重于谈论员工的义务。之所以要先谈义务，是企业经营压力导致的，并不是简单的谁更强势的问题。

为了赢得市场竞争，公司不妨大大方方地给员工提要求，说这是作为员工必须承担的义务。在某一项具体工作上，公司可能会提出很多要求，但是面向全部员工，在没有针对性的具体问题的情况下，公司应该对员工提出怎样的要求呢？把什么定义为员工的义务，才能帮助企业经营成功呢？另外，赋予员工什么权利才可以平衡员工的心态，更加自觉自愿地稳固公司的经营呢？这一章将分析华为是怎么做的。

员工的义务

原文：第四章第二节第六十三条（员工的义务）

我们鼓励员工对公司目标与本职工作的主人翁意识与行为。

每个员工主要通过干好本职工作为公司目标作贡献。员工应努力扩大职务视野，深入领会公司目标对自己的要求，养成为他人作贡献的思维方式，提高协作水平与技巧。另一方面，员工应遵守职责间的制约关系，避免越俎代庖，有节制地暴露因职责不清所掩盖的管理漏洞与问题。

员工有义务实事求是地越级报告被掩盖的管理中的弊端与错误。允许员工在紧急情况下便宜行事，为公司把握机会，躲避风险，以及减轻灾情作贡献。但是，在这种情况下，越级报告者或便宜行事者，必须对自己的行为及其后果承担责任。

员工必须保守公司的秘密。

有限度的主人翁意识与行为

所谓"主人翁意识与行为",就是让员工把自己当作公司的老板一样来考虑问题与开展行动。员工在遇到问题或解决问题的时候需要想:假如我是老板,我应该怎么做?

对公司的老板提出这样的要求并没有什么问题,但员工可能还有其他的想法。从员工的角度来看,公司希望我具有主人翁意识与行为,但事实上我并不是老板,这会儿公司倡导主人翁精神,过几天说不定就让我从内部劳动力市场置换到外部劳动力市场去了,甚至"炒掉"我也是有可能的。那我怎么能真的有主人翁意识呢?

被誉为"现代管理学之父"的美国作家彼得·德鲁克在分析这个问题的时候,提出一种常见的观点,他说:"这个问题的标准答案是'一分辛劳,一分酬劳',不幸的是,没有人有办法算出多少辛劳拿到多少酬劳才算公平。"很明显,德鲁克批判了简单劳动交易的思想,尽管这种思想在员工队伍里非常普遍。员工会觉得公司出了什么价钱给我,我就承担多少义务,这是最公平的。别动不动就叫我有主人翁意识与行为,那是无边无际的义务啊,当公司向我提要求的时候,先想想出了多少钱。

这种劳资双方的争论是永远没有答案的。德鲁克作为第三方——既不是企业主也不是员工,从学者的角度来看这个问题时,说:"如果企业真的想要有所收获,就必须要求员工不只公平地付出劳动力,而且应该积极奉献。……企业期望员工不只是被动地接受劳动力工作,而必须主动承担达成经营绩效的责任。"

从德鲁克的观点中我们能够理解,并不是华为对员工提出过分的要求,要员工额外承担主人翁意识与行为这样的义务,而是作为企业,必须要求员工主动积极地承担经营的责任,否则企业就达不成经营目标,就会竞争失败。这样我们也就能够理解《华为基本法》第四章的结构安排,在讨论完人力资源管理的目的、准则和体制之后,就必须对人提出要求了。

我们不仅要注意到华为要求员工要有主人翁意识与行为,还要注意到这句话是有限定的,是鼓励员工对"公司目标与本职工作"有主人翁意识与行为。关于这个话题有过一次非常有趣的谈话,2000年的时候任正非与员工谈话,员工问任老板:"你怎么看待裁员这个问题?"任正非这么回答:"讲到这个裁员问题,大家一定要有一个心理准备。……裁员是永远不可避免的。这一点我们决不会向员工做太平的承诺,我们永远不会太平,是因为市场竞争太激烈。……所以我建议从现在开始,员工们都少一些主人翁意识,多一些打工心态,'我到这个公司是打工来的,我要好好干,不好好干就会被裁掉'。我说的是少一点主人翁意识,而不是没有,这是针对一部分员工说的,他们的主人翁精神太强,进入公司后事事关心,但自己的本职工作做得不好,突然被主管调整,心里想不通。他们会觉得我这么爱公司,关心公司,这么主人怎么还会被调整？但员工需知每个人在公司的工作地位是以本职工作做得好不好来确定的。"

任正非讲这段话的时候，《华为基本法》才发布了两年，但他竟然建议员工少一点主人翁意识。莫非他这么快就忘了基本法？

任正非之所以强调这一点，其实是不希望员工的主人翁精神泛滥，员工只需要"对公司目标与本职工作"有主人翁意识与行为就可以了。

把控积极的度

上文说，公司要促使员工积极承担责任与义务，但有时候这个度很难把握，到底员工应该积极主动到什么程度，在怎样的范围和怎样的程度表现出主人翁意识与行为才是合适的呢？

华为用了两句话，分别从正面和反面告诉大家应该怎么来把握这个"度"。首先，"员工应努力扩大职务视野，深入领会公司目标对自己的要求，养成为他人作贡献的思维方式，提高协作水平与技巧"。

干好本职工作也要"努力扩大职务视野"，不能只看着自己的工作，两耳不闻窗外事，只负责拧好这几个螺丝。员工要有一个稍微宽阔一点的视野，比如公司追求的是什么，自己做的工作最终会产生什么影响，和上下游之间的联系以及自己可能会带来怎样的机会与风险,等等。这些基本的问题要搞明白,因为公司希望员工能够"深入领会公司目标对自己的要求","深入领会"就是不能只参照岗位考核指标来做,否则工作就会僵化,就不可能积极主动起来,也不会有什么主人翁意识与行为。

当员工做到了这一点,那么员工就会从比较高的层次看问题,能够从整个公司目标实现的角度来考虑自己的工作,不会在自己的小圈子里单枪匹马地努力,能"养成为他人作贡献的思维方式,提高协作水平与技巧"。因为公司的目标靠一个人努力是没法达成的,员工不能只闷头做自己的本职工作,必须相互协作,相互都能够为他人作贡献,大家才有可能干好自己的本职工作。这时候员工积极主动的主人翁意识与行为就会帮助公司取得经营上的成功。可以说,这是员工的"主人翁意识与行为"能为公司带来的最大价值了。

那什么情况下是主人翁精神太强了呢?第六十三条第二段的第三句话说:"另一方面,员工应遵守职责间的制约关系,避免越俎代庖,有节制地暴露因职责不清所掩盖的管理漏洞与问题。"

这句话提出了两种情况是员工要注意的,一是"员工应遵守职责间的制约关系,避免越俎代庖"。因为前文讲了员工要"扩大职务视野……为他人作贡献……提高协作……"然而,有些情况是不适合跨界的,比如会计和出纳的工作要分开,采购过程中供应商认证、采购实施和采购验收这些岗位,都是明确要求相互制约的。这些情况下员工主人翁意识与行为不能泛滥,这就叫作越俎代庖，是犯错误。

这个道理不难懂，很多岗位的职责是相互制约的，不能相互混淆；而且员工也不能要求公司为你把所有岗位的职责都梳理清楚。有些情况下确实应该梳理清晰但是却没有做到，的确会产生管理漏洞和问题，这是每个公司都会遇到的情况，但绝对的职责清晰是不可能的。这时候，作为一个有主人翁意识的员工，一旦发现这样的问题，就有必要将问题指出来，帮助公司改进与提升。这是员工的义务。

但事情也有另外的一面，很多企业管理者非常头痛的是，有些员工会有事没事来讲公司存在职责不清的问题。管理者知道员工说的可能没有错，甚至大多数时候管理者并不是不知道存在职责不清的问题，但这需要时间来改善，将岗位职责清晰起来是有一个过程的，不可能一蹴而就。在这种情况下时时刻刻、反反复复地谈职责不清，看起来是负责任的态度，但实际上很容易就演变成一种于事无补，反而影响氛围的抱怨了。

那员工到底该说还是不该说呢？华为在这里明确地告知员工，要"有节制地暴露因职责不清所掩盖的管理漏洞与问题"。这句话说得很有艺术性，既要求员工暴露职责不清的问题，又要求员工"有节制"，意思是公司希望员工说，但是不希望没完没了地说。

也就是说，员工的义务是在本职工作中体现出主人翁意识与行为，这种主人翁的积极主动性既要基于自己的岗位，又不能完全局限于自己的岗位，需从公司目标的角度来看待自己的工作，为他人作贡献，提高协作水平。在这个职责扩大化的过程中，一方面要注意避免跨越有制约关系的岗位职责红线，另一方面要有节制地暴露因职责不清晰而导致的管理漏洞与问题。

很显然这个义务是一个矛盾平衡状态下的义务，要员工在积极主动和自我克制之间寻找到一个平衡点，最大限度地发挥员工作为具有主观能动性的"人"的价值，这也是人力资源管理的基础目的。

特殊情况下的员工义务

除了对基于岗位职责的、常规性质的"主人翁意识与行为"进行了阐述，华为还对两种特殊情况下的员工"主人翁意识与行为"的义务进行了说明。

第一，"员工有义务实事求是地越级报告被掩盖的管理中的弊端与错误"。这里提出了一个特殊场景，就是当员工发现管理中的弊端与错误被掩盖的时候，员工有义务"实事求是地越级报告"。因为掩盖错误与弊端的往往就是员工的上级，当部门领导要掩盖管理中的弊端和错误的时候，最了解情况的人莫过于这个部门的员工了。这时候要求员工向上级的上级报告，是作为一个员工展现的"主人翁意识与行为"，这种积极主动能够避免整个组织受到更大的伤害。

第二,"允许员工在紧急情况下便宜行事,为公司把握机会,躲避风险,以及减轻灾情作贡献"。这是说如果员工遇到紧急情况,就不用请示汇报了,因为紧急情况来不及走正常的请示汇报流程,这时候员工就要发挥主观能动性了,基本原则是"把握机会,躲避风险,以及减轻灾情"。如果是朝着这些方向去做,尽可能地发挥主人翁精神,采取主人翁行动,是华为员工的基本义务。

第三,作为对前两项的补充,华为表示"在这种情况下,越级报告者或便宜行事者,必须对自己的行为及其后果承担责任"。意思是,员工不能动不动就拿"主人翁意识与行为"来做挡箭牌,哪怕是在特殊情况下,员工的行为也是要自己承担后果的,这也是为了避免"主人翁意识与行为"在某些情况下被滥用。

从这里我们也能够看出华为对员工的积极主动的要求。它对员工提出的这种"主人翁意识与行为"的义务,不是绝对和极致的,而是在矛盾和平衡中实现的。

保守秘密

最后,"员工必须保守公司的秘密",这不用解释,自然也属于富有主人翁精神的员工应承担的义务。

整体来看,第六十三条虽然用了二百多字来阐述员工的义务,但实际上真正对员工提出的要求是非常简单的,就是要求员工有

"主人翁意识与行为"。它和德鲁克所说的"积极主动"是完全相同的意思。这一条如此详细,一方面是为了便于员工理解,另一方面是担心员工过度发挥,希望员工能够在具体工作场景中把握好"主人翁意识与行为"的尺度。

员工的权利

原文：第四章第二节第六十四条（员工的权利）

每个员工都拥有以下基本权利，即咨询权、建议权、申诉权与保留意见权。

员工在确保工作或业务顺利开展的前提下，有权利向上司提出咨询，上司有责任作出合理的解释与说明。

员工对改善经营与管理工作具有合理化建议权。

员工有权对认为不公正的处理，向直接上司的上司提出申诉。申诉必须实事求是，以书面形式提出，不得影响本职工作或干扰组织的正常运作。各级主管对下属员工的申诉，都必须尽早予以明确的答复。

员工有权保留自己的意见，但不能因此影响工作。上司不得因下属保留自己的不同意见而对其歧视。

咨询权：怕员工不懂也不问

咨询权的意思是，员工如果有什么疑问，可以向上级咨询，上级要回答员工的咨询。当然，员工要在"确保工作或业务顺利开展的前提下"来问问题，不能把工作停下来。

咨询权也算一项权利吗？世界上大多数公司都没有明文规定员工有"咨询权"，他们的员工就不会问上级问题了吗？上级难道会因为公司没有赋予员工咨询权，所以就不回答吗？这看起来像是多余的内容。

和一般的公司相比，华为比较在乎员工是不是有疑问。一般情况下，员工每天正常工作是不会有疑问的，偶尔零星的问题可以通过询问同事、领导、公司专业部门或者到华为内网上发帖子来解决。

疑问比较多的人往往是处于特殊时期的员工，比如新员工、换岗位的员工或者是被提拔的员工。华为将这些人定义为四个类型的角色转换，分别是新员工、后备业务骨干、后备干部及干部。在这些角色转换的过程中，员工的疑问会比较多，因为华为的各种流程、规则实在太多了，特别是新员工进来一般都会满脑子问号。华为知道，员工脑海里的每一个问号都可能会转变成工作上的拦路虎，所以赋予员工咨询权，是在帮助成长道路上的华为员工扫除工作障碍。华为不仅要求每个管理者积极解答下属的问题，还专门建设了一个导师制度，为每一个特殊阶段的华为员工解答问题。华为在员工的咨询权保障方面做得非常好。

并不是随便某个经验丰富的老员工就可以当导师，华为的导师资格是要通过公司考核认证的。当上导师之后，对如何与培养对象沟通也是有要求的，比如在培养关系获准建立后最长一周之内，导师要与培养对象进行一次全面的沟通，师傅和徒弟一起制定第一个阶段的培养改进计划，包括培养目标和培养措施等，这个计划一般是三个月。三个月之后还要制定第二个阶段的培养改进计划，也是为期三个月。这样，导师带这个徒弟就有半年时间了。

最后，导师还要对徒弟的转正答辩负责。徒弟答辩不过关，导师要承担责任，很多导师说自己当年答辩都没这么紧张过。经过了这样一个过程，员工的问题也差不多问完了。为了支持师傅和徒弟的沟通，华为还会专门给师傅发几百元的导师费，用于请徒弟吃饭——当然，大多数导师都表示钱不够，自己还要贴钱。然而，当导师是华为员工被提拔为管理干部的一个必要经历，所以即使贴钱、贴时间，也还是有很多人主动申请当导师。对于导师来说，带徒弟并不仅仅是温馨的请客吃饭，而是一项严肃的工作，因为吃完饭之后两人还要制定《季度培养计划》和《月度沟通纪要》，这些都是要形成正式文件存档的。从上述内容来看，华为员工的咨询权已经得到了制度化的保障。

建议权：建议的好坏影响职业发展

第二项权利是建议权——"员工对改善经营与管理工作具有合理化建议权"，意思就是华为支持员工提建议。上文提到过，华为在内网开辟了一个论坛，在这个内网上，不要说是提"合理化建议"，就是发帖子骂一顿也是不追究责任的。任正非曾经在消费者 BG（Business Group，事业部）2015 年中沟通大会上针对这个问题说："我看文章时会去读成百上千个跟帖，看别人怎么骂华为的，看完后就知道哪些方面需要改进。我曾给心声社区讲，能否设一个平台专门骂华为。你们说很多人是'水军'在黑我们，关键在于黑到点上没有。"

任正非都开放到这个程度了，让员工提建议当然是没问题的。

不过，也要看情况。据说，曾经有一个北京大学毕业生，到华为工作两个月后给任正非写了一封万言书，从战略高度对华为的发展提出了自己的建议。没想到任正非批复："此人如果有精神病，建议送医院治疗，如果没病，建议辞退。"

后来这个北大高才生被辞退了，任正非还在他自己写的《致新员工书》里专门就这个问题写了一段话，说："要有系统、有分析地提出您的建议，您是一个有文化的人，草率的提议，对您是不负责任，也浪费了别人的时间。特别是新来者，不要下车伊始就哇啦哇啦地提建议，要深入地分析，找出一个环节的问题，就去寻找解决的办法，踏踏实实、一点一点地做。不要哗众取宠。"

从这个角度来看，在华为随便提建议也是有风险的，搞不好就会受批评，甚至被辞退。不过，也有员工提出的建议得到认可的。比如一个清华大学毕业的博士也给任正非写了一封万言书，叫《千里奔华为》，任正非看了之后称赞他是"一个会思考并热爱华为的人"，直接将他提升为部门副部长，还安排将这个万言书发表在华为的《管理优化报》上，组织各部门骨干学习讨论。时任华为董事长孙亚芳评价道："这份报告从不同的侧面反映了公司存在的问题，也反映了新员工从他们所处的角度对公司的了解，并提出善意的批评和建议。这是从新员工身上表现出来的主人翁意识，难能可贵。各层管理者都应鼓励敢于提意见的员工，我们要在公司范围内和各部门营造一个员工关心公司成长、提出合理化建议并参与管理的良好气氛，推进公司的管理进步。"

都是提建议，为什么一个被批评并且被辞退，另一个被表扬而且被提拔了？员工的"建议权"到底要怎么把握？

我们要注意"建议"前面的限定语，叫"合理化"。也就是说，不是什么建议都可以提，如果是不合理的建议，华为就不能保障这项权利了。那什么才叫"合理化建议"呢？

为了保障员工的"合理化建议权"，便于理解与把握"合理化"的尺度，华为对"合理化建议"还有另一种表述，叫作"小改进，大奖励；大建议，只鼓励"。1998年《华为基本法》发布之后，有一次任正非解释华为的核心理念时这么说道："贯彻'小改进，大奖励；大建议，只鼓励'的制度。追求管理不断的优化与改良，构筑与推动全面最佳化的、有引导的、自发的群众运动。能提大建议的人已不是一般的员工了，不用奖励；一般的员工提大建议，我们不提倡，因为每个员工要做好本职工作。大的经营决策要有阶段的稳定性，不能每个阶段大家都不停地提意见。我们鼓励员工做小改进，将每个缺憾都弥补起来，公司也就有了进步。"（任正非，《华为的红旗到底能打多久——向中国电信调研团的汇报以及在联通总部与处以上干部座谈会上的发言》，1998年）

　　那时候华为专门设有一个部门，叫作"合理化办公室"，就是管理员工提出的合理化建议的。公司每天向员工搜集合理化建议，搞得员工觉得提合理化建议不像是自己的权利，更像是一项义务了。1998年3月底华为发布《华为基本法》，截至1998年3月31日，合理化办公室就通报说收到了782条合理化建议，采纳235条，采纳率达30%。员工们哪里像是在行使权力，反而像是在搜肠刮肚交"合理化建议"的作业。后来华为也就不那么折腾了，不再比合理化建议的数量，也不强调要交这样的"作业"，不过提建议还是鼓励的，这样也更像是一项权利了。

申诉权：针对各级干部的冷威慑

　　第三项员工权利是申诉权。首先，"员工有权对认为不公正的处理，向直接上司的上司提出申诉"。公正是华为人力资源管理的基本准则，是"三公"准则中的第一个，当然不容破坏。一般来说，华为的员工感觉自己被不公正处理的机会是不太多的，平时也很少遇到不公正的事情。最常见的场景是员工在绩效评价之后觉得自己被不公正对待了，时常有一些拿B或者C、D评价的员工想申诉。

如果是一般的不公正，可以直接越级汇报，找上司的上司；而如果是绩效申诉，现在华为已经有一个专门的邮箱，员工可以给这个邮箱发邮件。只要员工发了申诉邮件，就一定会有人跟踪这个申诉，绩效申诉流程就启动了。

不过对申诉，华为也是有要求的，"申诉必须实事求是，以书面形式提出，不得影响本职工作或干扰组织的正常运作"。这里对申诉提出了三个要求：第一，必须是真实的，不能假申诉；第二，要求书面提出，员工不能只口头说；第三，员工可以因为觉得受了委屈而去申诉，但是不能影响本职工作或者干扰组织的正常运作。不能因为要申诉就不工作了，也不能受了委屈就去公司门口拉横幅。公司保障员工的申诉权利，但是员工不能扩大化地处理。

最后，华为为了让员工放心，还专门留了一句话："各级主管对下属员工的申诉，都必须尽早予以明确的答复。"虽然这是对各级主管提出的要求，不过因为写在"员工的权利"这个主题条款下面，所以这也是写给员工看的，意思是公司一定会处理员工的申诉，不管结果怎么样，都不会石沉大海。

在华为，出现的申诉大多数是绩效申诉。一旦员工发了绩效申诉邮件，公司将会形成一个申诉处理小组，成员包括上级部门AT团队[1]成员，但并不是本部门的AT团队，因为员工的绩效本来就不是领导单独决策的，而是由本部门AT团队集体决策，所以要上一级的AT团队来裁判。接着是对应层级的道德遵从委员会，这个是华为特有的组织，类似党委里的纪委。因为员工发起申诉，公司就会怀疑员工的上级管理团队有道德问题，所以要让道德遵从委员会介入。之后还有公司人力资源部作为对口专业职能部门。如此复杂的调查，要一两个月才能给出调查结果来。这个过程中会不断地有人跟员工沟通，询问这件事情的前因后果。就像大多数官司那样，还没完成申诉流程，员工就已经精疲力竭了，而且大多数情况下申诉都不会成功。因为评价本来就是部门AT团队给出来的，这么多人给出的评价，怎么能随便被推翻呢？

所以，申诉流程不是员工日常会走的流程，只是一个当员工觉得自己被上级欺压得不行时，发泄一下的口子。它可以让上司的管理能力受到质疑。而一般情况下，上级不会让事情发展到这种地步，所以绝大部分员工不会走申诉流程。申诉权更像是一个给管理者造成威慑的权利，并不是能给员工带来日常福利的权利。

---

[1] AT（Administrative Team）团队即行政管理团队，是部门里面比较资深的领导组成的团队，负责决策团队中与人有关的事情。——作者注

保留意见权：为难员工，成就公司

保留意见的意思是，你所表达的内容，我的内心是反对的，但是我并不采取抵制和对抗行为，还要表达出不同意见。这种态度既不是弃权，也不是反对。

保留意见权有什么用呢？假如你是高层管理者，你就可能用上这项权利。在第五十三条决策制度里提到各级首长办公会要提交与会成员签字的会议纪要，报告中要特别注明讨论过程中的不同意见。这对今后评价是会起作用的。

对一般的员工来说，保留意见权基本上没有什么用处。公司不会因为员工的一些反对意见而把这位员工怎么样，只要业绩好，没有实施过激的反对行为，只是言语的反对是不要紧的。比如，华为的心声社区贴出了一个公司制度，评论里有人说这个制度不合适，这是允许的。只要遵守制度，员工可以保留个人意见，但是不能影响工作。给员工保留意见的权利，就是让大家畅所欲言，表达对公司的意见和不满，这有利于公司的发展。任正非每天都会关注华为内网上的各种反对意见，帮助公司掌握真实的企业现状。这就是保留意见权的价值。

另外，"上司不得因下属保留自己的不同意见而对其歧视"这句话也是说给员工听的。因为华为的管理者也是人，如果员工天天保留自己的不同意见，管理者怎么可能没有看法呢？对那些有很多有反对意见要"保留"的人,管理者会渐渐地对他有负面评价。所以,华为员工可以对公司级别的问题保留意见,甚至更重大一点的问题——要不要"登月"保留意见,但是不要轻易对自己部门的事情保留意见,那是在为难自己。

员工权利是经营保障

总的来看,第六十四条讨论了四项员工权利。经过分析,我们会发现虽然说的是员工权利,但是这一条在结构和逻辑上却没有和前面的员工义务有明显的对等关系。它们之间的关系体现在背后目的的一致性上,即员工的义务和权利是为了华为公司的发展。因为赋予员工这几项权利,会对华为公司发展更加有利。

咨询权,会帮助员工更好地理解工作,更快地满足岗位要求,甚至华为还通过导师制度来加强员工的咨询权,这对提高公司人员效率是很有价值的。

建议权,是经过修正的建议权,另一种表述叫"小改进,大奖励;大建议,只鼓励",就是希望员工能基于本职工作提出改进建议,如果只是提对公司发展毫无价值的、又大又空的建议,就有被辞退的风险。所以建议权也是华为为了公司发展而赋予员工的。

申诉权,冗长的申诉调查过程给各级管理者带来威慑,赋予员工这个"鱼死网破"的权利，非常有利于公司对各级管理者的监督。

保留意见权，客观上是让员工冒了更大的风险，因为上级很可能因为这些保留意见而对员工有看法；但同时公司能够获得广大员工的真实意见，这些保留的意见能够成为公司政策的一面镜子，对公司发展是很有帮助的。

05

考核与评价的高阶逻辑

考核与评价不仅重要，而且内容非常丰富。在黄卫伟老师主编的"华为管理三部曲"的第一部《以奋斗者为本》一书中，就有单独的一章叫"正确评价价值"，篇幅达好几十页。

《华为基本法》中"考核与评价"的文本非常精练，只有第六十五、六十六两条，然而内容却具有特别的高度。本章对这两条进行深入分析，帮助高层管理者跳出纷繁复杂的日常矛盾，从一般人性与企业整体经营的层面，梳理考核与评价的高阶逻辑。

人力资源管理的人性基础

原文：第四章第三节第六十五条（基本假设）

华为员工考评体系的建立依据下述假设：

1．华为绝大多数员工是愿意负责和愿意合作的，是高度自尊和有强烈成就欲望的。

2．金无足赤，人无完人；优点突出的人往往缺点也很明显。

3．工作态度和工作能力应当体现在工作绩效的改进上。

4．失败铺就成功，但重犯同样的错误是不应该的。

5．员工未能达到考评标准要求，也有管理者的责任。员工的成绩就是管理者的成绩。

基本假设是逻辑体系的起点

考核与评价是人力资源体系里技术性比较强的一个模块，有大量的理论、方法和工具可以探讨。但是《华为基本法》专项讨论考核与评价的时候，一开始谈论的话题叫"基本假设"。

为什么会出现这样的话题呢？"基本假设"是要讨论什么？

宽泛地说，科学理论都是建立在一定的基本假设之上的，只是多数人平时不特别去留意这些。比如微观经济学有两个基本假设：第一，人是理性的，都力图实现经济利益最大化；第二，信息是充分的，市场里的每一个角色都获得了充分的信息。一般人都会觉得这两个假设太完美了，但是庞大的经济学体系就建立在这两个假设之上。

管理学也有三个基本假设，第一，所有人都是普通人，不是天才，不是高人；第二，组织内的员工不具备高尚的动机，也就是假设他们是不敬业、不负责任的；第三，员工是自我负责的，意思是员工为企业工作的时候不是道德楷模或圣贤，但是他为自己工作的时候却是负责和敬业的。管理学研究的就是在这三个基本假设之下，如何让组织提高效率，达成目标。

中国传统思想则与管理学的基本假设不一致。中国传统文化不假设组织成员是普通人，而是假设他们可以变成圣人，只要不断地教化，给他们读圣贤书，员工就可以变成有高尚动机的人。所以管理者不能动不动"以小人之心，度君子之腹"，最完美的组织里没有什么规章制度，大家都特别自觉、自律；管理者也不需要被监督，他们会主动奉献，不会贪污腐败，懒散渎职。

假设的一点点差别，通过逻辑放大之后，在方法和机制层面就会产生巨大的差异。

当我们对华为的考核与评价机制感到吃惊的时候,当我们发现华为的想法总是难以捉摸的时候,很多时候是因为我们没有从华为所认同的基本假设出发来思考问题。华为对管理学的三大基本假设是认同的,后来华为引入的西方管理体系也确实建立在这些管理学假设之上,但是它从来没有专门说过,自己是接受管理学三大基本假设的。

偏偏到第六十五条,华为用单独一条来专项讨论"考核与评价"这个管理子系统的基本假设,看来是下了决心要从根本上把"考核与评价"说透。

考核与评价是华为整个人力资源管理的枢纽。特别是《华为基本法》第四章"基本人力资源政策"第四节,讨论的是关于招聘、录用、薪酬、待遇、晋升、降格、解聘、辞退的话题,这些全都是在考核与评价的基础上实现的,几乎所有的人力资源操作都与考核与评价相关联。华为十几万员工每天都要操心自己的考核与评价结果,而基本法第六十五条就是考核与评价的逻辑源头。

让麦格雷戈和德鲁克和平共处

华为对考核与评价总共提出了五个基本假设,第一个是:"华为绝大多数员工是愿意负责和愿意合作的,是高度自尊和有强烈成就欲望的。"

这个是一个教科书级别的假设,叫"人性假设理论"。这个理论是由美国著名行为科学家道格拉斯·麦格雷戈提出来的,他在著作《企业的人性面》中提出了 X 理论和 Y 理论。

X 理论假设人类本性是懒惰的,是厌恶工作、逃避责任的,大多数人是缺乏创造力的。需要用强制的办法,严格监管他们,甚至要不断威胁、惩罚他们,做不好就扣钱,才能让他们努力工作。钱是人们工作的最主要动力。

而 Y 理论的假设不一样,认为大多数人是不厌恶工作的,如果给予恰当的机会,人们喜欢工作,并且渴望发挥自己的才能,取得成就。多数人愿意对工作负责,他们希望通过工作获得尊重,钱不是工作的全部理由。

麦格雷戈强调,大量企业不自觉地把自己的管理体系建立在 X 理论的假设之上,所以带来了很多没法解决的问题。他告诉大家,Y 理论才是符合真实人性的假设,以 Y 理论为基础的管理体系能够调动人们深层次的工作激情。

显然,华为的第一个假设是支持 Y 理论的,假设"华为绝大多数员工是愿意负责和愿意合作的,是高度自尊和有强烈成就欲望的"。

但令人感到奇怪的是,麦格雷戈在《企业的人性面》里并不仅仅是反对 X 理论,推崇 Y 理论,他还在这个基础上进一步提出了很多管理建议。比如他基于 X 和 Y 理论的逻辑强烈地批判了绩效考核，认为绩效考核在三个重要的方面都没法实现预定的管理目标：第一，作为行政管理手段的绩效评估是失败的，因为绩效评估是无法摆脱上级的主观性的；第二，作为信息反馈手段的绩效评估是失败的，因为在评价与被评价的张力之下，上下级沟通是不正常的；第三，作为激励手段的绩效评估是失败的，因为员工最大的激励来自自己的成就感，而不是外在的评价。总之，麦格雷戈旗帜鲜明地反对绩效考核，认为Y理论假设下的人不能采用绩效考核的办法，而是应该通过把工作安排得富有意义和挑战性，让员工在承担责任的过程中获得满足感，进而获得社会的尊重。

这里就出现矛盾了，《华为基本法》引用了麦格雷戈的Y理论人性假设作为自己的基本假设，表示华为是支持这个假设的。但它却把这个假设放在"考核与评价"的主题章节下面。为什么华为要这么安排呢？

这其实是华为在表明自己的立场，既要搞考核与评价，又相信华为人是愿意承担责任、努力上进的。恰恰是因为华为重视考核与评价，害怕大家误以为华为认可X理论下的人性假设，所以不得不明确提出支持Y理论。尽管Y理论的创始人麦格雷戈认为Y理论假设下企业不需要考核与评价，华为却认为这仍然是必要的。

当然，考核与评价并不是华为创造的，这套体系在西方企业已被广泛应用。考核与评价的起源最少可以追溯到德鲁克，他在《管理的实践》里首先提出目标管理的概念，认为并不是有了工作才有目标，而是有了目标才能确定每个人的工作。他主张"企业的使命和任务,必须转化为目标"。德鲁克认为,企业的目标要分解成一个个小目标,让员工承接,通过目标来引导员工进行自我控制,而不是依赖管理者不断的指挥与命令。

这么看来,目标管理的理念本身是没问题的。要实施目标管理,当然需要有目标,既然给员工设定了目标,就需要约定时间来检查目标是不是实现了。这不就是绩效考核吗?

得第五十七条"公正"里说:"对每个员工提出明确的挑战性目标与任务,是我们对员工的绩效改进作出公正评价的依据。"这句话描述的就是典型的德鲁克目标管理。企业要做一个闭环的目标管理,就不可能不考核。

不过好在德鲁克和麦格雷戈是同时代的人,在《管理的实践》第二十一章里,德鲁克认为麦格雷戈批判 X 理论是有道理的,他是认可麦格雷戈的观点的。

于是矛盾就留给学习德鲁克和麦格雷戈的人了。既要做目标管理,又要反对 X 理论,这组矛盾在绩效评价这个关键点上到底该怎么处理呢?

从《华为基本法》里,我们能看到华为坚持目标管理。所以评价肯定是要的,不仅要,而且是人力资源管理的第一准则。同时,华为又是认同 Y 理论的,所以华为非常谨慎地对待绩效评价,既重视绩效评价,又不是只有绩效评价。第五十七条就告诉我们,最少还有能力评价。甚至在第十九条"价值分配原则"里都指出,按劳分配的依据是能力、责任、贡献和工作态度。能力和责任都在贡献之前，这是符合 Y 理论的一种态度。

绩效评价本身就是一个既有价值又有问题的管理体系，华为既重视绩效评价，想要获得它所带来的管理价值，又要小心地避免它所带来的负面影响，积极采用多种手段来与绩效评价达成管理平衡。从第五十七条到第四章第三节，《华为基本法》的措辞都是考核与评价，而没有限定为绩效评价。并且华为对员工实施考核与评价的时候不是上级领导一个人完成的，是由 AT 团队集体完成的，并进一步通过员工的申述权来制衡评价者。这都代表华为正在 Y 理论下修正考核与评价行为，让这样一个天生带着缺陷的机制能够在其管理体制内发挥最大效能。

宽容"歪瓜裂枣"

第二个基本假设："金无足赤，人无完人；优点突出的人往往缺点也很明显。"

这是一个古老的智慧，有一点像管理学基本假设里的普通人假设。一般在坐而论道的时候，是没有人会反对这样的假设的；而在管理过程中，人们又往往会有退到吹毛求疵、求全责备的立场上的风险。如果不强调这个假设，考核与评价就很容易泛化，变成到处找对方的问题，给人挑刺；那么很快，公司就会陷入无人可用的境地。任正非也害怕公司管理者不能将这样的思想落实到行动中，经常会在内部各种场合，通过各种方式强调这样的思想。甚至《以奋斗者为本》第六章第五节标题就叫作"用人所长，不求全责备"，记录了不同年代任正非就这一主题的讲话。

比如，2012 年任正非在 2012 实验室座谈的时候说："我们公司要宽容'歪瓜裂枣'的奇思异想，以前一说歪瓜裂枣，有人把'裂'写成劣等的'劣'。我说你们搞错了，枣是裂的最甜，瓜是歪的最甜。他们虽然不被大家看好，但我们从战略眼光上看好这些人。今天我们重新看王国维、李鸿章，实际上他们就是历史的歪瓜裂枣。"

2016 年"蓝血十杰"颁奖大会上，任正非又提到了同样的问题，说："在座各位能接受贝多芬到华为应聘吗？谁知道聋子也能成为音乐家呢？华为公司要能容忍一些'歪瓜裂枣'，容忍一些不太合群的人，允许他们的思想能在公司发酵。"

我们看到，真正重要的事情，任正非就会反反复复地宣导。

态度、能力、绩效哪个最重要

第三个假设："工作态度和工作能力应当体现在工作绩效的改进上。"

这一条严格地说，不算是假设，而是华为考核与评价的基本原则，在华为的人力资源体系里称为"责任结果导向原则"。就在

1998年，任正非在华为的价值评价体系项目汇报会议上就说："我们要以提高客户满意度为目标，建立以责任结果为导向的价值评价体系，而不再以能力为导向。企业是功利性组织，我们必须拿出让客户满意的商品。因此整个华为公司的价值评价体系，包括对中、高级干部的评价，都要倒回来重新描述，一定要以责任结果为导向。"

他还很形象地说过这样一段话："茶壶里的饺子，我们不承认。倒不出饺子，还占据一个茶壶，就是高成本。"

第三个假设与这个比喻是一个意思，再一次强调绩效考核是必要的。

从泥坑中爬起来的是圣人

第四个假设："失败铺就成功，但重犯同样的错误是不应该的。"

华为对外总是说自己经历的失败比成功多，不忌讳谈失败，甚至不断宣传失败。2018年任正非做了题为《从泥坑中爬起来的是圣人》的讲话，这是他第二次进行同样的专题讲话，2008年已经举办过一次。在2018年的讲话中，他激情洋溢地说："跌倒算什么，爬起来再战斗，我们的青春热血，万丈豪情，谱就着英雄万古流。伟大的时代是我们创造，伟大的事业是我们建立，伟大的错误是我们所犯，渺小的缺点人人都有……改正它，丢掉它，朝着方向大致正确,英勇前进,我们一定能到达珠穆朗玛。"

从任正非的讲话中,我们可以看出华为对失败的宽容。同样在2018年,任正非与中国科技大学包信和校长座谈的时候,讲了一段更加激进的话:"对基础研究我们不要求都成功。前段时间我讲过,对科学研究,要大胆地失败,成功太快是保守,要轻装上阵才能激发想象力。失败了就涨工资,成功了就涨级。科学研究上就没有'不成功'这个词。为什么呢?你告诉我走这条路是错的,讲清了路径,解决了边界问题,这就是成功。一打钻就直接打到油田中心,没有这种事情。"

就像爱迪生改进电灯泡的时候,失败了8 000多次后坦然地说:"我只不过是证明了7 600多种材料不适合做灯丝而已。"

第四个假设与爱迪生的逻辑完全一致。失败是没问题的,问题是不能犯同样的错误。这句话也不难理解,如果重复犯错误,再强大的企业也支持不住。

没有熊的兵,只有熊的官

最后,第五个假设:"员工未能达到考评标准要求,也有管理者的责任。员工的成绩就是管理者的成绩。"

这是一个非常基础的逻辑,管理者之所以被称为管理者,就是因为他要承担管理工作。而管理工作是什么呢?简单点说,就是通过下属来完成任务，那么，员工的绩效责任当然就是管理者的绩效责任。

2008年任正非在一次干部大会上说道："你的兵不干活是你领导无方。没有熊的兵，只有熊的官。"从反面的角度来谈这条假设。2003年任正非有一篇著名的文章叫《在理性与平实中存活》，则从正面讲了这个问题。他说："每个领导者也要学会领导方法，去创造环境，让人家奋斗，一定要看到部属的成功就是你最大的成功。"正反两种说法，都是在说管理者要对员工的绩效承担责任。

如果把上述五个假设连到一起，就是：华为人是愿意承担责任的，是高度自尊的，有成就欲望的。尽管他们愿意承担责任，是很优秀的人，但他们也是普通人，也会有缺点，因此不能对他们太苛求。针对这些普通人，应该在Y假设下评价他们的工作绩效，注重结果与产出，但是也允许员工有失败，因为探索总是有失败的，只是不能犯同样的错误。并且，管理者要对下属的绩效产出承担责任。

考评体系的框架结构

原文：第四章第三节第六十六条（考评方式）

建立客观公正的价值评价体系是华为人力资源管理的长期任务。

员工和干部的考评，是按明确的目标和要求，对每个员工和干部的工作绩效、工作态度与工作能力的一种例行性的考核与评价。工作绩效的考评侧重在绩效的改进上，宜细不宜粗；工作态度和工作能力的考评侧重在长期表现上，宜粗不宜细。考评结果要建立记录，考评要素随公司不同时期的成长要求应有所侧重。

在各层上下级主管之间要建立定期述职制度。各级主管与下属之间都必须实现良好的沟通，以加强相互的理解和信任。沟通将列入对各级主管的考评。

员工和干部的考评实行纵横交互的全方位考评。同时，被考评者有申诉的权利。

至此，如果我们梳理一下就会发现，从"价值的分配"到"人力资源管理准则",再到"考核与评价",存在这样一个逻辑:从公司价值分配的角度提出"公正评价"的要求,然后人力资源管理准则承接公司价值分配的要求(价值分配是公司战略层面的要求),从人力资源管理的最高准则层面提出"公正评价"的要求,再到承接公司人力资源管理准则的要求,从"考核与评价"层面提出"公正评价"的要求。分别从公司战略层面、人力资源管理准则层面及考核与评价层面讨论了"公正评价"的问题。

所以,这一条提出"建立客观公正的价值评价体系是华为人力资源管理的长期任务",向上是承接了从战略层到人力资源管理准则层面的"公正评价"的要求,向下是对"考核与评价"工作提出了整体性的指导意见。

要注意的是,这里不仅提出要"建立客观公正的价值评价体系",而且把这项工作视为"人力资源管理的长期任务"。"长期任务"的意思就是这件事情要做很久,不可能一蹴而就。这就意味着建立这个客观公正的价值评价体系是一个非常难的事情,一定是一项艰巨的任务,没办法一劳永逸地实现。

考评体系建设的四大关键

那么这样的考评体系该如何建设?华为首先给"考评"下了一个定义:"员工和干部的考评,是按明确的目标和要求,对每个员工和干部的工作绩效、工作态度与工作能力的一种例行性的考核与评价。"

这个定义有四个关键点，第一个关键点是"按照明确的目标和要求"。这一点其实在第五十七条"公正"里已经说过了，其中说的"对每个员工提出明确的挑战性目标与任务"，很明显和这句话是一样的意思。

第二个关键点是"对每个员工和干部"。这是明确了考评的范围，也就是公司全员都要参加考评，没有人游离在考评体系之外。

第三个关键点是针对每个员工和干部的"工作绩效、工作态度与工作能力"进行考评。这里确立了考核与评价的内容，这种理念和第十九条"按劳分配的依据是：能力、责任、贡献和工作态度"是相匹配的。第五十七条"公正"也指出，评价除了绩效因素，还要评价"员工在完成本职工作中表现出的能力和潜力"。这体现了华为人力资源管理逻辑的一以贯之。

第四个关键点"例行性"。"例行性的考核与评价"意味着这种对全员的考评是反复执行的，不像大学评职称那样，评上了基本上就管一辈子，这将是一项日常工作。一次考评结果好，不代表今后一直好；一次考评结果不好，今后还可以再努力。

考评宜细还是宜粗

既然考核与评价的内容包含了工作绩效、工作态度与工作能力，接下来就要对不同类型的考核与评价内容进行区别对待。华为的做法是："工作绩效的考评侧重在绩效的改进上，宜细不宜粗；工作态度和工作能力的考评侧重在长期表现上，宜粗不宜细。"

差异化考评的思路在第五十七条"公正"里已经体现出来了。这里说绩效评价宜细不宜粗，怎么才能做到呢？就是尽可能把这个评价量化。第五十七条的"对每个员工提出明确的挑战性目标与任务"，就是一个目标量化过程，当然也是一个评价标准的量化过程，自然就可以实现绩效评价的宜细不宜粗了。而非绩效类型的能力与态度要侧重长期表现，宜粗不宜细。这与第五十七条说根据"员工在完成本职工作中表现出的能力和潜力"来评价，明显是高度一致的。因为对一个人的能力与态度，是不可能实现精确量化的，也不能只基于单个事件就做出评价，要看重长期表现。

考评结果与考评要素

在提出绩效和非绩效考评区别对待的要求之后，又提出"考评结果要建立记录，考评要素随公司不同时期的成长要求应有所侧重"。

这是一个非常容易理解的要求。对每个华为成员进行考评之后，记录这个结果当然是必要的。同时，考评要素也肯定不会一成不变，会根据工作需要而不断变化。

这个考评方法总体来说并不复杂，只是华为落实得比较好。首先，华为是全员考评；其次，在实际的考评过程中，华为的绩效考评通过PBC体系进行保障，而能力考评通过任职资格体系进行保障。在绩效考评体系中，绩效指标的量化是与公司每年的战略规划相结合的，通过每年的战略解码将公司整体战略目标层层分解到个人绩效目标，确保绩效考评要素和目标值能够及时更新。而战略调整也会带来流程和岗位的变化，进而带来任职资格体系的变化，也就是让能力和态度这些非绩效考评方面的要素得以及时更新。

定期述职

绩效体系和任职资格体系的考评结果会成为一个员工在华为参与价值分配时最关键的影响因素，简单点说，就是与他的工资、奖金、股票、升职息息相关。考核与评价对华为人来说是十分重要的事情，影响非常大，每个人都会特别关心自己的考评结果。

这时又很容易出现矛盾。我们知道，在评价与被评价的时候，最容易存在的问题就是，基于同一个事实，评价方与被评价方的看法差异非常大。瑞典有过一次对司机的调查，90%的司机认为自己的驾驶技术超过司机群体的平均水平，也就是说只有10%的人认为自己在平均线之下。在工作场景中，这种对自我评价偏高的现象是非常普遍的，这时候就会出现考评的冲突。怎样才能让评价者与被评价者对考评的结果有一致的认知呢？

解决这个问题的最佳方案，就是增强考评双方的沟通。

所以，华为提出"在各层上下级主管之间要建立定期述职制度"。

所谓述职，就是向上级管理团队汇报自己履职的情况，包括上个阶段的工作业绩与下个阶段的工作打算。通过述职，可以为考核与评价创造一个正式的沟通机会。这个沟通的内容是结构化比较强的，人力资源部会提供一个述职基础模板，内容包括一个人的关键绩效指标（Key Performance Indicator，简称KPI）完成情况、管理改善工作、遇到的问题、取得哪些成绩、下阶段的工作目标与计划等。通过述职，能够系统完整地展现你的绩效、能力与态度，不至于因为信息不全导致考评结果受到影响。在结构化的述职报告的基础上，上级管理团队就会基于述职情况给该员工一个评价，而这个结果会对员工工资、奖金、股票和升职产生直接影响。所以述职对于管理者来说是一件十分重大的事情，每个管理者都会投入大量精力对待这件事情。因为除了那些业绩硬指标，你还要尽可能整理出一系列的工作亮点来，因为有时候干得好不如讲得好和评得好。

所以，为了述职报告的PPT尽可能完美，材料尽可能翔实、准确，很多管理者调集自己部门的精英力量来准备述职报告，甚至华为内部很多人对这件事怨声载道，觉得每到述职的时候就要这样突击准备，整理材料找亮点，简直是劳民伤财，浪费生产力。华为也屡次强调不要这样做，针对这个问题，徐直军（现任华为公司副董事长）就说过："这个过程主管不要找太多人，如果我们做一套胶片[1]要一二十人集体来做，那效率就太低了，就太以领导为中心了。按道理来说，主管自己的汇报，最好是自己来写胶片。

"任总的所有讲话都是自己亲自写的，从来都不让别人写，他写完后再征求EMT（Executive Management Team，经营管理团队）成员的意见，让大家看写得对不对。

"我们的主管就不能向任总学习吗？你要汇报的胶片，能不能自己写？写完了，可以像任总一样把大家召集起来一起评审。你自己写的话，我相信不会超过很多页，也不会弄得花花绿绿，搞得那么漂亮了。

"为了美化、格式好看而浪费下属和你自己大量的时间，这是不增值的。不能以领导为核心，我们首先不要组织大队人马来写汇报胶片。我们要做增值的部分，坚决不做不增值的部分。"

虽然徐直军这么清晰明白地反对大家投精力搞汇报材料，但收效并不明显。因为不管道理多么正确，都不如考评结果好有用，

---

[1] 即PPT。

各级管理者为了自己的考评结果,没人敢掉以轻心。在这种看起来非常官僚主义的述职制度下,每一个管理者都要严肃认真地往述职报告里堆积材料,否则在述职报告会上被领导层批判起来就难过了。不过另一方面,在这样一个正式的评价沟通模式下,管理者将被系统化地、360度无死角地审视一遍,任何藏污纳垢的犄角旮旯都会被翻出来。事实上,这种述职考评机制作为正式的沟通过程,能够帮助评价者在信息相对充分的情况下给出考评意见来,对保障评价的公正性是有很大帮助的。

除了提出述职制度,这一句还有两个地方需要注意。第一,这个述职制度是各层级上下级主管之间的制度,也就是说,得起码是主管才需要述职。最基层的员工是不需要述职的,管理者才需要。第二,要建立"定期"述职制度。华为一年有两次述职,年中和年底各一次。当然,年底这次更加重要一些,对干部的晋升影响更大一点。

考评沟通

关于考核与评价的沟通问题,除了给各级管理者设计了"述职"这样一个形式比较正式、内容高度结构化、信息比较充分、场景非常严肃的沟通模式,还有相对来说不那么正式的沟通模式。

"各级主管与下属之间都必须实现良好的沟通,以加强相互的理解和信任。"基本法在这里强调主管和下属之间加强理解和信任，至于沟通的具体方式，就不做过多要求了，各级主管可以根据团队的情况自主安排。述职模式是只适用于各级管理者的，一般员工不用述职，所以各级主管可以不采用述职这样一种高压力的考评沟通模式，只要上下级一起谈谈话就好了，甚至在哪儿谈、谈多久、谈的内容是什么，都不严格要求，只要实现了上下级的相互理解和信任就可以了。

一般来说，述职这样的沟通是比较正式的，有严格的时间、地点和人员安排，但各级主管与下属的考评沟通可能就不见得这么严肃了，甚至有可能工作忙碌的时候忽略了这件事。这将会影响员工对考评公正性的认识，所以华为就把沟通"列入对各级主管的考评"。

这是从态度上明确，"沟通"是公司对各级主管的硬性要求，不是可有可无的工作选择。现在这个功能已经集成到华为的办公系统里，到了绩效考评时期，每个员工的办公系统里就会出现一个待办事项，让你确认上级领导有没有与你做过绩效沟通。你还可以对这次沟通做评价，最低一星，最高五星。这个沟通确认和打分的过程，就是在对各级主管进行考评。

在考评结果强制分布的情况下，绩效沟通是比较难的，因为得 A 和 B+ 的人数毕竟被控制了比例，要与那些得 B、C 或 D 的员工沟通，各级主管是有点压力的。打 A 的员工容易沟通，但如果是 C，估计就得好好谈一谈了。

除了绩效沟通确认和打分，华为还会每年在内部发起绩效管理有效性调查，让每个员工在工作系统里填写一份调查问卷。比如2018年的问卷就有12道选择题，3道开放题，员工可以在调查问卷里反馈自己对绩效管理的看法，华为会保证对员工个人信息保密，避免其被领导报复，而这些调研结果将用于公司对各级主管在考评工作方面的监督。各级主管背着上下两层压力开展考评沟通，这样也就促迫他们用更加严肃、认真的态度对待。这时候如果人力资源部给主管提供沟通技巧与工具，他们的学习积极性当然会比较高，最终的沟通效果也会更好。

纵横交互的全方位考评与申述

最后，华为指出"员工和干部的考评实行纵横交互的全方位考评"。

所谓"纵横交互的全方位考评"，意思就是考评来自多个维度，不是一个维度，也不仅仅来自直接上级。可是上文刚刚说过考评沟通是指上下级之间的沟通，如果考评是来自多个维度、纵横交互的，那员工该服从谁的工作安排呢？

要理解这点，就得从华为的组织特质着手。华为的组织有两个非常有特点的地方，第一是矩阵型组织模式。在矩阵组织模式下，绝大多数的华为员工是接受矩阵管理的，比如一个在代表处的营销人员，当他的上级给他做考评的时候，就会先收集相应的矩阵管理部门（对应某个BG下属的某个产品线部门）给出的评价。这时候，这名员工的评价就不仅仅是纵向的，很明显还包含了横向的考评因素。

第二是AT团队决策。一般情况下AT团队负责人的工作包括考核评价、奖金分配、人员提拔等。员工的考核评价由该员工的上级领导提出之后，是要经过AT团队集体决策之后才生效的。而AT团队的决策原则是从贤不从众，投票决定。考核评价的结果是受到多头影响的，员工可能有办法蒙蔽一个上级领导，但是蒙蔽整个AT团队是比较难的，这就推动了全方位考评的实现。

正是因为有矩阵管理和AT团队决策这样的独特管理模式，华为对员工和干部考评可以实现纵横交互的全方位考评。

当然，在这里我们要特别注意的是，尽管华为提出而且实现了"纵横交互的全方位考评"，但是并没有据此推翻上级领导的考评权。"纵横交互的全方位考评"是有更多维度的力量支持上级做出公正的评价，应该理解为是给各级管理者赋能，而不是让管理者交出对下属的考核评价权。

同样，"被考评者有申诉的权利"，是在"纵横交互的全方位考评"的基础上，又给考核与评价开通了一个逆向通道，让考评体系更加完善。

关于申诉，我们在前面的第六十四条"员工的权利"里讨论过。这一条提出了员工的四项基本权利，其中第三项就是申诉权。

但前文中也说过，申诉权并不好用，但是能给各级管理者带来威慑，让他们在给下属考评的时候更加谨慎。

整体上看第六十六条，这是与基本法前面的内容关联非常紧密的一条，其核心逻辑是从基本法第一章贯穿下来的，很多内容与第一章第四节"价值的分配"及第四章第一节"人力资源管理准则"高度关联。它用了二百多个字就为整个华为的"考核与评价"体系描绘了一个最粗犷、最完整的轮廓，之后"考核与评价"体系里的各种流程、方法、工具和技巧，都是在第六十六条构建的框架中展开的。

06

人才的选育用留

很多人在讨论人力资源管理的时候，是从"选育用留"开始的。但《华为基本法》却把以"选育用留"为主体内容的"人力资源管理的主要规范"这一节放在了"人力资源管理"的最后一节。在其之前，先讨论了华为人力资源管理的目的、准则、体制、员工义务权利及考评。因为有了这些前提和基础之后再来看以"选育用留"为基础内容的"人力资源管理主要规范"，就会水到渠成，易于理解。这也是《华为基本法》领先很多人力资源管理教材的地方。本章我们就来看看，华为是如何招人，如何发工资，以及如何培养和发展人才的。

建立合理的人才结构

原文：第四章第四节第六十七条（招聘与录用）

华为依靠自己的宗旨和文化，成就与机会，以及政策和待遇，吸引和招揽天下一流人才。我们在招聘和录用中，注重人的素质、潜能、品格、学历和经验。按照双向选择的原则，在人才使用、培养与发展上，提供客观且对等的承诺。

我们将根据公司在不同时期的战略和目标，确定合理的人才结构。

一流人才要怎样"招"

从这一条的第一句话中，我们就能感受到华为口气是非常大的——它要吸引和招揽"天下一流人才"。

"天下一流"的概念在《华为基本法》里不是第一次提出来。

在基本法第一条"追求"里,"使华为成为世界一流的设备供应商"一句早早地就立下了宏伟的志向。既然要成为"世界一流"的设备供应商,那么谈招聘的时候,华为其实已经没有退路了。

曾经有些企业谈到过,他们希望用世界二流或者三流人才来实现自己世界一流企业的梦想。这和"物美价廉"一样,是一个典型的伪命题。当然,也有很多人不是不想要"天下一流人才",而是不知道怎样才能招揽到"天下一流人才"。

华为打算凭什么来"吸引和招揽天下一流人才"呢?第六十七条第一句话已经给出了答案,这里提出了三组,一共六个核心要素。

宗旨和文化

第一组的两个要素是"宗旨和文化",也就是华为首先是要依靠自己的宗旨和文化来吸引和招揽天下一流人才。这是一组人们已经听得耳朵起老茧的词语,非常有趣的是,它们却是有时候被忽视、有时候被滥用的一组要素。

为什么说有时候被忽视呢?大量企业在招聘的时候,向求职者描绘企业未来都很随便,很少有人跟向投资机构争取资金一样向招聘对象介绍自己的企业宗旨。

阿里巴巴创业之初,马云就不断地展示自己的创业宗旨——让天下没有难做的生意。蔡崇信就被他的这一宗旨吸引了,主动放弃了580万元的年薪,来跟他拿500元的月薪。

为了让天下一流人才真的被企业宗旨吸引，从而愿意将他们最宝贵的人生投入到公司里来，公司就必须告诉他们，整个公司追逐的机会是什么。因为每个人可能期望的机会都生长在公司追逐的机会之下，而把整个公司追逐的机会描绘出来，就是第六十七条所说的宗旨了。

一方面，通过宗旨来吸引和招揽天下一流人才的方法被严重忽视；另一方面，它又是被滥用的。只要讲讲故事，画一个大饼，就可以吸引天下一流人才，你说多好啊！发现了这个秘密的老板，想把通过宗旨来招揽人才的方法发挥到极致，但这个尺度一旦没把握好，就变成忽悠了。

通过宗旨来吸引和招揽人才也是有风险的，一不小心被这些天下一流人才识破，发现这个老板忽悠成分比较多，人才就会马上离开。

谈宗旨的时候要注意，这个宗旨必须足够有吸引力。老板若对人才说："来加盟我们吧，这样我们公司就可以挣很多钱了。"一流人才会被吸引吗？一定要有一个激动人心的宗旨，才能吸引一流人才。

但仅仅有一个激动人心的宗旨还不够，企业还得让人才相信，你是真的会这样去做。人才怎么判断呢？一流人才都很聪明，他们会根据企业以前的行为来判断今后的行为。如果企业风格"言必行，行必果"，他们就会相信你了。这就涉及第一组第二个要素，也就是"文化"了。

对于一流人才来说，关注企业的文化有几个维度，一是判断企业所说的宗旨到底有多大的可信度；二是判断今后在这家企业工作和生活，这样的环境氛围自己是不是受得了。华为去北大、清华这些顶级高校招聘的时候，会反复跟毕业生强调，华为是绝对不会排资论辈的，是用能力和业绩来说话的；华为也不讲什么关系和背景，只讲奋斗。这时候就是在向天下一流人才展示华为的文化。

有了文化的配合，天下一流人才就会大致觉得，这家企业的宗旨是真的指向了一个巨大的时代机会，而在这样的文化下，估计自己是可以发挥出才干与潜力来的。于是通过"宗旨和文化"，吸引一流人才的大环境就算是构建起来了。

成就与机会

吸引天下一流人才的第二组要素是"成就与机会"。宗旨和文化是整个公司层面的要素，而成就与机会是面向个人的，因为大多数人会有建功立业的愿望。1983年，乔布斯为了让当时的百事可乐总裁约翰·斯卡利加入苹果，就对他说："你是想卖一辈子糖水，还是跟着我们改变世界？"这句话既打动了约翰·斯卡利，也打动了全世界的人。这就是用"成就"来吸引天下一流人才。

成就是结果性质的，要想有成就，首先得有机会。所以成就与机会不可分割。机会是因，成就是果；机会在前，成就在后。所以每一个希望获得职业成就的人都会非常关心职业机会。

《华为基本法》第一章第三节"公司的成长"第十三条"成长

的牵引",就说了"机会牵引人才",华为很清楚,人才是靠机会来牵引的——其实约翰·斯卡利和蔡崇信都是被一个巨大的机会所吸引。不光是第十三条,在第十八条谈到华为可分配的价值的形式时,第一项就是机会。对于人才而言,机会是最有价值的。而第四章第一节"人力资源管理准则"里的"三公"准则,就是为了保障员工可以通过公平竞争获得在华为的发展机会。

我们看到,为了吸引天下一流人才,华为是非常认真地对待机会分配问题的。

政策和待遇

吸引和招揽天下一流人才的还有第三组要素,就是"政策和待遇"。这关乎每个人的个人收益和回报,直接影响他所得到的短期和长期利益,对吸引和招揽人才的重要性不言而喻。甚至很多情况下,一些企业认为这就是最重要的要素。

很多企业不敢招聘天下一流的人才,就是出于这个层面的原因。大家都知道"天下一流人才"往往要价比较高,他们很贵。有些企业就想,按照这种价钱发工资,公司就要破产了。但华为在这一条里放话要"吸引和招揽天下一流人才",它是怎么考虑价钱的问题的?

华为考虑价钱的问题分两方面,一方面是直接给员工的钱,即待遇;另一方面也是更重要的,是给钱的政策。其实,《华为基本法》第一章就考虑了这个问题,单独拿出第四节的篇幅来讨论"价值的分配"这一主题,在其中理顺了分配的核心机制,让有能力的人拿走他创造的价值,提出包括知识资本化在内的一系列分配政策。

这些天下一流人才看到这样的机制与政策,其实就不太担心未来收入问题了。有了这样的政策,他们自然会为自己挣到足够多的钱。关键在于,这些钱不是老板"给"的,因为给不给的主动权不在老板手里,这些钱是这些一流人才自己挣的,愿不愿挣的主动权在他们自己手里。这时候我们就能明白,正是承受着这样一种人才吸引的压力,华为才会在基本法第一章这一讨论战略的章节里安排"价值的分配"一节。根据这一点再往后看,会感受更深,对基本法的整体性也会理解得更好。

组合拳

第六十七条的第一句话虽然非常简单,但是含义丰富。

这三组要素是有明显的层次关系的。宗旨和文化是公司发展层面的,成就与机会是个人职业发展层面的,而政策与待遇是个人收益方面的。这三组要素必须联合起来系统使用,单独使用就会出笑话。比如有些老板抓住求职者不停地讲企业的未来和宗旨,但是完全不谈给员工的政策和待遇,最后又说求职者太现实、太物质了。蔡崇信当年的确跟着马云拿500元一个月的工资,可是马云给了他相当于自己1/3数量的股份啊。蔡崇信难道真的是纯粹奔着情怀来的?哪里有这么傻的天下一流人才啊。

第六十七条的第一句话很明显把人才市场视为一个竞争激烈

的市场,华为为了获得这个市场里最优秀的资源,准备了宗旨、文化、成就、机会、政策和待遇三套组合拳,这样当然就会有很好的人才吸引效果。吸引来足够多的人的时候,华为就要开始挑选这些人才了。

一流人才怎样"选"

第六十七条的第二句话对"选人"给出了五个要素,显然,它们的顺序也是非常重要的。

素质

第一个要素是素质,这是一个含义非常广泛的概念,包括健康、智商、情商、知识文化等,总而言之就是,这个人首先得是一个好的胚子。

从内在逻辑来看,这个要求也不是突然冒出来的。在第十九条"价值分配原则"里有这么一句话,"按劳分配的依据是:能力、责任、贡献和工作态度",把能力放在按劳分配依据的第一位,和把素质放在招聘录用依据的第一位,在逻辑上是高度一致的。

潜能

第二个要素是潜能。潜在的能力,就是没有表现出来的能力,跟素质不一样，素质是表现出来了的。这个依据也很重要，可是求职者既然没表现出来，企业怎么知道对方有没有潜能呢？这是个悖论，因为一旦企业能够判断出来，这就不属于潜能了；判断不出来的、连自己都不知道的能力，才叫潜能。

招聘的时候要找有潜能的人，是出于怎样的考虑呢？任正非曾经有一段通俗的话可以解释潜能的意思，他说："我们要欢迎那些胸怀大志、一贫如洗的人进入华为公司。他们将是华为公司一支很强的生力军（任正非，《成功不是未来前进的可靠向导》，2011年）。"

"胸怀大志、一贫如洗"，翻译成书面语，就叫"潜能"！

品格

第三个要素是品格。是指人的道德素养，其重要性是不用解释的，但是它没有被放在第一位。毕竟企业先要确保求职者有素质、有能力，才考虑是不是品格优良。如果员工是一群品德高尚的正人君子，但是能力都不行，那就麻烦了。

学历

第四个要素是学历。在华为，新员工入职都要学习任正非写的《致新员工书》。这个文件有好几个版本，最早的版本是1994年写的，2005年修订了一版，到2014年又修订了一版，都是任正非自己修订的。在1994年和2005年的版本里有这么一段话："进入公司一周以后，博士、硕士、学士以及在原工作单位取得的地位均消失,一切凭实际能力与责任心定位。"这段话很清晰地表达了任正非对学历的态度。

当然,现在华为对学历的要求越来越高。在它还不太强大的时候,曾大量招聘二本院校的学生,但现在的应聘要求已是"985""211"起步了。

经验

第五个要素是经验。其实华为刚起步的时候更重视经验,转折点大概是在 1994~1995 年。在这之前,华为需要什么样的人就到市场上去找现成的人才,找到最短时间内能够承担具体工作的人。随着公司业务越来越成熟、内部队伍越来越强大,就转变为大量从学校招聘毕业生。近几年,华为每年招聘的毕业生都在一万人的量级,绝大多数新员工都是通过"校招"进来的,"社招"越来越少。

对一流人才的"放"和"收"

双向选择原则

第六十七条第一段前两句话,第一句是面向人才市场的整体营销策略,保证了华为充足的新员工候选人队伍,第二句话则是华为的招聘录用标准。接下来第一段还有第三句话:"按照双向选择的原则,在人才使用、培养与发展上,提供客观且对等的承诺。"

这里提出了一个"双向选择原则"。这个原则我们都懂,就是企业要挑选人才,人才也要挑选企业。第一段的前两句话更侧重于企业挑选人才,一般企业看到符合要求的人才,就千方百计想把他招进来。而这里却主动提出了"双向选择",即"在人才使用、培养与发展上,提供客观且对等的承诺"。

意思是,如果某个人才符合企业的要求,那么关于他在华为的"使用、培养与发展"事情上,华为将提供"客观且对等的承诺"——绝不为了骗人才入职而忽悠对方,给人才的承诺都是真实的。但更进一步,这种承诺是对等的。如果华为承诺人才会有发展机会和恰当的待遇,对等的,人才也得承诺满足公司要求、努力工作、积极上进,不可能公司给人才一个单方面的承诺。如果人才对这种"客观且对等"的承诺不满意,可以行使"双向选择"的权力,不要和企业签约!

比如说,华为招聘的员工如果没有特殊情况,就得承诺服从全球范围派遣,否则华为基本上就不会和对方签约。华为绝不会在招聘的时候,为了吸引人才,在谈成就、机会、政策和待遇的时候,给对方一个不能实现的承诺。甚至针对"三公"准则里强调的"公平"原则,任正非在《致新员工书》里还说:"真正绝对的公平是没有的,您不能对这方面期望太高。……要承受得起做好事反受委屈。"

为什么这样做呢?就是把双方的期望值拉至同一水平,企业不要在招聘的时候天花乱坠地吹牛，给了求职者过高期望，之后达不到，反而导致员工积极性受挫。

综合第一段前三句话，华为招聘的人就是满足公司要求、接受公司现实情况的天下一流人才。

所以第六十七条的第一段是打开了一个一流人才的输入阀门，让天下一流人才源源不断地输入公司，这是非常了不起的。企业汇集了这么多天下一流人才，事业成功的可能性当然就要大很多。

限制人才输入

从辩证法的角度来看，不能只有努力往华为输入一流人才这一股力量，还必须有一个相应的限制性力量，就是限制某些一流人才进入华为。

为什么要限制？华为毕竟只是一家公司，员工总数是有限的，而天下一流人才的总量是极大的，都招进来，华为不可能消化得了。不能见了一流人才就招，要一边开源，一边限制。那么具体是要做什么呢？

第六十七条的第二段话，就是与第一段话形成辩证关系的："我们将根据公司在不同时期的战略和目标，确定合理的人才结构。"

所谓人才结构，就是指什么样的人才要多少个，这是要求华为做一个人员编制，既是对招聘工作的指导，也是对招聘工作的限制。在华为，人员编制简称 HC（Head Count），形成 HC 号，每个 HC 号对应一个招聘名额。某个部门想要招人的话，首先得拿到公司人力资源部分配的 HC 号。没有 HC 号，就是遇到符合华为要求的天下一流人才，部门也招不进来，哪怕是特别想要的人才，都没办法。

关键在于，HC 号的管理权限非常高，起码是地区部的人力资源部门才有权发，这在华为是令很多部门非常头痛的事情。很多人呼吁对 HC 号的管理不能这么僵化，应该稍微灵活一点，把权力下放到各个代表处这样的独立预算部门——自己发 HC 号，自己出钱嘛。但是在这一点上，华为始终没有放松，保持着"僵化"。为什么不把这个权力下放到一线去呢？这和华为"让一线呼唤炮火"的理念似乎不一致啊。

在华为，招聘工作的权限大多数已经下放，各业务部门自主招聘的权力其实很大，基本上可以决定要谁或者不要谁。但是，这些招聘都是在经过审批的招聘计划下实施的。华为一级部门（例如各个 BG）和二级部门（例如各个地区部）下的人力资源部都设有专门的招聘调配部，招聘调配部的负责人要审核下面单位的全部招聘计划，而且这个审核非常严格，不是随便看一下，而是要根据单位经营目标来测算的，测算审核通过之后，才签发 HC 号。因为发 HC 号就意味着确认了人力资源预算审批，所以必须是有预算审批权限的那一级组织才能发。这是保证华为这么大的机构不乱的原因之一。

这样我们就明白了第二段这句话说"我们将根据公司在不同时期的战略和目标，确定合理的人才结构"，其实是对招聘工作的控制要求。要求招聘工作与公司的战略、目标、计划、预算关联起来，对提高招聘工作的针对性、计划性、合理性，以及控制人力资源成本，都有非常大的价值。

那么我们也就能看出，第六十七条的两段话，第一段是"放"，第二段是"收"。第一段尽可能去发掘符合要求的人才，第二段则基于自己的消化能力，严格控制招聘录用。一放一收，张弛有度，保障了华为高质量的人才供应。

痛苦话题：解聘与辞退

原文：第四章第四节第六十八条（解聘与辞退）
我们利用内部劳动力市场的竞争与淘汰机制，建立例行的员工解聘和辞退程序。对违反公司纪律和因牟取私利而给公司造成严重损害的员工，根据有关制度强行辞退。

末位淘汰

"招聘与录用"讲的是如何吸引和招揽人才的问题，第六十八条则恰好与第六十七条对立，主题词叫"解聘与辞退"。虽然这两条内容的主题词是一组反义词，但是它们追求的目标却是一致的：招聘与录用是为了给企业找到合适的人；而解聘与辞退是为了把不合适的人推出去。一吞一吐，就是为了保证公司留下最恰当的人。

大多数人读到这一条内容，会觉得非常容易接受，一点也不唐突。特别是前面有很多的铺垫，比如第四章第一节第六十条"人力资源管理体制"说不搞终身雇佣制，主张自由雇佣制；每8年就买断一次员工的工龄，避免因为《劳动合同法》影响自由雇佣制，为辞退不合格员工扫清了法律障碍。

第六十一条又专门构建了"内部劳动力市场"，引入竞争和选择机制，通过内部劳动力市场和外部劳动力市场的置换，激活沉淀层。于是我们早已经有心理准备了，知道华为为了激活沉淀层，是一定要有主动的辞退和解聘的。这一步只不过是华为人力资源管理理念往下发展的一个逻辑结果而已。

第六十八条的第一句话也说了"我们利用内部劳动力市场的竞争与淘汰机制"，这里的内部劳动力市场，就是第六十一条建立起来的机制，现在基于这个机制，要"建立例行的员工解聘和辞退程序"。

这里值得我们留意的词语，就是这个"例行的"——要求员工解聘和辞退成为一个例行的程序，一个常规工作，每天都可能发生的日常事件，不属于什么特殊的事情。这个例行的员工解聘和辞退程序，有个简单点的表述，叫作"末位淘汰"。

一般的操作是通过绩效评价中相对考评的办法，给员工评出A、B+、B、C、D这样不同的级别来。这个评价等级是有强制分布要求的，所以年度考评拿了C以下的人，基本上会被末位淘汰。

很多员工为末位淘汰制度说好话，他们维护末位淘汰制度的逻辑主要有两种。第一种是员工也明白，不搞末位淘汰，公司迟早要被市场末位淘汰，而且腾讯、阿里、大疆这些优秀公司都是有末位淘汰机制的，华为的这个制度也不是什么独树一帜。

除了这种逻辑，还有一个更高级的逻辑，就是有末位淘汰的公司证明了公司的主动离职率在末位淘汰的比率之下。假设一家企业规定末位淘汰后10%的人，那起码公司的主动离职率必须低于10%，否则还有必要末位淘汰吗？要搞末位淘汰，企业首先得有办法降低主动离职率，也就是要提高公司的岗位吸引力。所以越是严格执行末位淘汰的公司，就越是好公司。差的公司主动离职率都在20%以上，留人都留不住，还有什么末位淘汰可言？

基于这个逻辑，很多企业发现，原来想搞末位淘汰并不是一件容易的事。末位淘汰首先不是对员工提要求，首先是对企业提要求。

华为是一家好企业，有充足的理由搞末位淘汰，但是真正执行起来也是不那么容易的。并不是部门主管指着员工说"你被开除了"，就实现了末位淘汰。相反，各部门主管在淘汰员工的时候都特别为难。经历过的人都知道的，主管把员工找来说："我看你有点不爽，准备淘汰你了！"员工说："前几天你给我安排工作的时候还说我们是一个团队，昨晚吃饭喝酒的时候还称兄道弟的，今天就来淘汰我，你这是什么意思？！"这时候，部门主管是非常难受的，他会觉得自己伤害了下属，会有非常强烈的愧疚感。末位淘汰执行起来一点也不轻松。

其实末位淘汰最著名的实践者不是华为,而是通用电气。杰克·韦尔奇在通用电气推行末位淘汰取得了巨大的成功,华为也是学习通用电气的做法。杰克·韦尔奇创造了一个叫"活力曲线"的评价办法,就是找出组织里最优秀的20%,中间的70%和最差的10%,然后淘汰最后的10%。(参考图6-1)

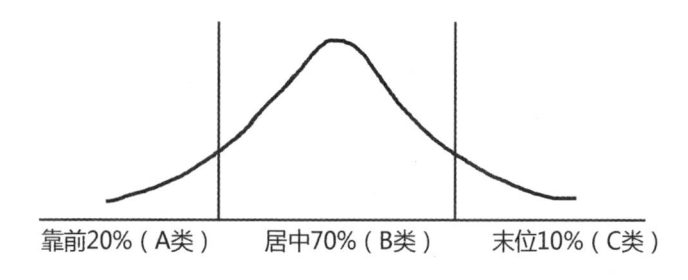

靠前20%(A类) 居中70%(B类) 末位10%(C类)

图6-1 通用电气的活力曲线示意图

杰克·韦尔奇自己也承认,做出这样的强制分布是不容易的,甚至有时候是不准确的。他的原话是:"(末位淘汰)可能会让你错失几个明星或者后起之秀,但是你造就一支全明星团队的可能性就会大大提高。"

杰克·韦尔奇在5年时间里面淘汰了8.1万人,占当时通用电气员工的1/5,加上他推行数一数二战略卖掉了一些部门——那里有3.7万人,也就是5年时间他让11.8万人离开了通用电气。这让杰克·韦尔奇获得了"中子弹"的称号。"中子弹"就是那种通过中子辐射杀死人,但是不破坏建筑物的核武器。"中子弹"炸完之后,建筑物都好好的,看起来像是什么都没发生,但是人全都完蛋了。认们认为杰克·韦尔奇就是这样的"中子弹"。这个称呼让杰克·韦尔奇非常难受，觉得大家非常痛恨他，认为他是个冷酷无情的人。

杰克·韦尔奇的儿子约翰八九岁的时候，某天早上坐校车，有一个同学向他走过来，一声不吭就给了他一拳。约翰完全懵了，觉得莫名其妙，两个孩子扭打起来。韦尔奇为这件事情感到非常难过，因为这件事的起因是韦尔奇淘汰了那个男孩的爸爸，让他离开了通用电气。这件事令杰克·韦尔奇终生难忘，他觉得自己牵连了儿子。

末位淘汰是一件艰难的事情。非常有趣的是，当杰克·韦尔奇在艰难地推行末位淘汰的时候，IBM是采用终身雇佣制的。IBM有一条广告，叫"工作会有来有去，但人不会"，有通用电气的员工就曾拿这条广告当面质疑杰克·韦尔奇的做法。可是华为在这一点上没有学习IBM，而是学习了通用电气。

所谓的标杆学习——学习优秀企业，并不是对方优秀就学，而是要先搞明白自己要什么，再去找哪里有自己要的东西。必须先梳理出一个计划，否则就没办法实现有效的标杆学习。《华为基本法》就是一个非常关键的标杆学习前的内部梳理。为什么这样说呢？因为到2015年，杰克·韦尔奇亲自挑选的接班人杰夫·伊梅尔特宣布，通用电气放弃末位淘汰机制。但这时候华为并没有跟进学习，还是继续坚持末位淘汰。

在末位淘汰机制上，华为不学IBM，而是学习通用电气；后来通用电气放弃了末位淘汰,华为又不学通用电气了。那些优秀的企业我们是学还是不学,如果要学,学对方的什么,这是要花时间、花精力搞清楚的。

没有淘汰过人的主管不是好主管

华为开始做末位淘汰的时候也是很困难的。原来华为有一个叫郑树生的常务副总裁,非常受任正非器重,后来被派到华三(杭州华三通信技术有限公司)任总裁。他在解决华为与思科之争、在市场上打败思科、打垮港湾网络有限公司这些超大战役中都立下了赫赫战功。2002年正是郑树生在华为位高权重的时候,他在华为的《管理优化报》上发表了一篇专门讨论末位淘汰的文章,公开说要学习通用电气,学习杰克·韦尔奇的活力曲线。文章说:"我们不是没有体系,也不是没有制度、标准,关键在于我们没有严格执行落实一个最简单而行之有效的方法——末位淘汰。久而久之,人力资源部及干部部门成了温柔执行的同义词,很难让人们想起它的另一方面——坚决执行的刚性。"

郑树生也知道执行末位淘汰是有压力的,所以他不光是强调了末位淘汰的重要性,还进一步对各级主管提出要求,说:"通过末位淘汰,激活组织,提高战斗力,是我们每个主管作为人力资源管理执行者最大的挑战之一,但是关键是思想上的转变。一是要实现从过去做老好人、把矛盾上交,到自己处理、敢于淘汰人的转变。没有淘汰过人的主管不是好主管。"

作为主管，从来都不考虑利用负面激励手段来驱动下属，不承担内部驱动机制的领导压力，是不行的。

末位淘汰机制也不是一个孤立的机制，而是建立在华为人力资源管理基本准则的基础之上的。正是因为有公正评价、公平竞争和公开执行的管理基础，才能建立起例行的员工解聘和辞退制度。有了这种制度，才不会引起内部恐慌和大面积的思想抵触，又能恰到好处地给员工施加压力。

例外情况下的解聘和辞退

除了这种例行的员工解聘和辞退，华为还有一种非例行的，也就是例外情况下的员工解聘和辞退。即第六十八条第二句话说的："对违反公司纪律和因牟取私利而给公司造成严重损害的员工，根据有关制度强行辞退。"

很明显，这是针对主观上作恶的行为，要求员工的行为合规。这个行为是员工可以自己把握的，不作恶就不会有风险。一旦违反公司纪律，损公肥私，就会被华为辞退。

华为建设了非常完整而系统的监管体系，员工正常努力工作的情况下，基本上感觉不到什么监管；一旦起了歹心，要搞点违法乱纪的事情，估计很快就会感受到重重的监管。

华为的监管体系分为三个大的层次。第一层是与业务流程镶嵌在一起的监管体系，比如通过下一个流程的输入，控制上一个流程的输出；通过上一级流程责任人，来控制责任人下面的全部流程。这样，95%以上的问题都能够在正常业务流程运转中实现监控。这就是扁鹊的大哥做的事情，在悄无声息中化解问题。

　　监管体系的第二个层次是关注事中监督的内控体系和稽查体系。华为的内控体系是IBM帮助建设起来的，是整合在华为的IFS（Integrated Finance Service，集成财务）财经体系变革中的，其中一个非常重要的成就是实现了账实相符，让财务能够真实反映业务，那么财务监管业务的职能就能充分发挥出来了。除了基于财务的内控体系，华为的事中监管体系里还有一个基于业务的稽查体系。稽查体系与业务紧密结合，比如有采购稽查部、工程稽查部、商务稽查部，又有各个地区部的稽查部，各个BG的稽查部等，它们紧贴着业务部门建设机构，也紧贴着业务开展监管工作，可以基于业务过程进行贴身监管。

　　除了内控和稽查为核心的事中监管体系，华为的监管体系还有第三层，就是事后监督的内部审计部。这是"秋后算账"的部门，员工做过的任何事情都有可能被调查。华为的内部审计是抓到什么线索就查什么，不按照问题大小来排队，所以任何问题都有相同的概率被查到，员工就不敢犯错误了。

　　有了这样三层监管体系，华为员工违法乱纪而不被发现的可能性就非常小了，而一旦主动作恶被抓住，那处罚就严重了。往大的说，会被扭送公安机关，或是被起诉。比如那些偷盗知识产权、泄露公司机密的人，光辞退是不够的，华为往往还会进一步采取法律手段，这在华为公司也是十分常见的。对那些违反公司纪律或BCG准则的情况,哪怕行为看起来不是那么严重,也会被开除。

华为曾经开除了一个在尼日利亚工作的财务人员,理由是他主要有四个方面违反纪律:第一,这个人经常评价领导,这样做虽然不对,但是在企业里算是普遍现象;第二,他有时迟到,有时在上班时间处理私事,但是没有说明他没完成工作;第三,他的电话费严重超标,一个月打了1.6万多元的电话,这个金额的确有点多,不过考虑到尼日利亚打国内电话每分钟要好几元,1.6万元也打不了太长时间,而且华为要求该员工自己承担1.3万多元;第四,该员工在没有正式任命的情况下说自己是主管。总共就因为这4个问题,该员工就被辞退了。放到一般公司,除了电话费超标,其他可能不算什么大问题,而且员工离家这么远,万一家里有什么事,电话时间长一点也是可以理解的,毕竟员工自己承担了1.3万元。

由此可见,华为的纪律尺度是非常严格的。

还记得《华为基本法》第二条"员工",第一句话就说"认真负责和管理有效的员工是华为最大的财富"。第六十八条的这两句话就能与"认真负责、管理有效"对应起来。基于内部竞争的例行性淘汰机制就是为了促进员工认真负责,而辞退违反纪律的员工,就是要实现对员工的有效管理。

前文中我们算过华为的离职员工总数,知道华为到目前为止的离职员工总数大概是16万人,被辞退的员工总量就更少了。然而这个解聘与辞退的机制却又非常重要,因为这是华为人力资源管理准则得以有效落地的关键举措,也是华为人力资源管理目标能够实现的关键举措。

　　解聘与辞退，从逻辑上来讲，大家都很容易接受，难的是在具体实施的时候，各级主管的情感和心理压力比较大。而正是对解聘与辞退机制有着非常清醒的认识，华为才能够顶着这么大的压力，坚持落实好这个机制。

发钱的智慧

原文：第四章第四节第六十九条（报酬与待遇）

我们在报酬与待遇上，坚定不移向优秀员工倾斜。

工资分配实行基于能力主义的职能工资制；奖金的分配与部门和个人的绩效改进挂钩；安全退休金等福利的分配，依据工作态度的考评结果；医疗保险按贡献大小，对高级管理和资深专业人员与一般员工实行差别待遇，高级管理和资深专业人员除享受医疗保险外，还享受医疗保健等健康待遇。

我们不会牺牲公司的长期利益去满足员工短期利益分配的最大化，但是公司保证在经济景气时期与事业发展良好阶段，员工的人均年收入高于区域行业相应的最高水平。

不容易执行的第一薪酬政策

这一条要讨论如何给员工发钱了！这也是华为最令人着迷的地方，很多人羡慕华为分钱分得好，也觉得华为全员努力奋斗与华为分钱的机制是密不可分的。

第六十九条并不能涵盖华为分钱机制的全部内容，只是分钱机制里的一部分内容，关于分钱机制，比较完整的表述应该是在第一章第四节"价值的分配"。其中第十八条"价值分配形式"提出，"华为可分配的价值，主要为组织权力和经济利益"；之后第十九条"价值分配原则"又进一步将"经济利益"分成了按劳分配和按资分配两种分配方式。第六十九条讨论的"报酬与待遇"，主要是指对经济利益的按劳分配。相对而言，按资分配也就是股权分配，属于经济利益里的中长期利益，而按劳分配则属于对经济利益里的短期利益的分配。很明显，"短期利益"是华为员工能够立刻拿到手的那一部分利益，对于一名员工而言当然是最直接、最现实的收益了，大多数员工肯定非常关心，所以对于公司来说也就特别重要。

这一条的第一句话就是华为薪酬政策最基本、最重要的内容了，尽管表述非常简单，却可以说是华为成功最关键的基石之一。这个基础思想不是在第六十九条讨论薪酬主题的时候突然出现的，而是华为基础经营理念在薪酬管理领域的一种体现。

在《华为基本法》的第一条"追求"里就有一句话,"通过无依赖的市场压力传递,使内部机制永远处于激活状态"。薪酬政策,当然是使内部机制处于激活状态非常关键的内容。

到第一章第四节"价值的分配"就更加明确了,第十九条"价值分配原则"说"按劳分配要充分拉开差距",而"充分拉开差距"的目的是第二十条谈到的在公司内部引入竞争机制,提高公司的竞争力和成就。同样的思想在第四章第一节"人力资源管理准则"也强调过。总而言之,第六十九条提出"在报酬与待遇上,坚定不移向优秀员工倾斜"并不是一种朴素的公平思想——既然优秀就多发点钱,其背后的动机与逻辑比这个要深刻得多。这是华为实现内部激活状态,推动内部竞争,落实人力资源"三公"准则非常重要的支撑政策。

在实际操作中,华为的报酬与待遇向优秀员工倾斜的力度是非常大的,不同岗位级别、不同任职资格、不同绩效评价的人,收入差距十分大。很多人并不排斥华为这种让薪酬拉开差距、向优秀员工倾斜的基本理念,但是发现这种思想的落地并不容易。

内部公平性是个大问题。有些企业在推动报酬和待遇向优秀员工倾斜的时候,就发现另一些员工跳出来,说这些拿更多钱的人根本不是最优秀的员工,认为有很多不怎么优秀的人拿了太多的钱,还有更加优秀的人没有拿到钱。这样的话,那些有不公平感的员工就会降低工作积极性。原本企业是希望通过这个薪酬政策来提高内部活力的,结果反而影响了内部活力的释放。

要解决这个问题,最少要从两方面着手。一是要先有"公正评价"的基础工作,大家基于这个"公正评价",对公司找出来的优秀员工本身是认同、接纳的,这样才有可能让报酬和待遇向优秀员工倾斜。第二就是要跟员工讲清楚,这种报酬和待遇倾斜是怎样操作的,让大家了解具体的实现路径。

接下来第六十九条的第二段内容,就展示了华为的报酬和待遇具体包含了哪些内容,都是怎样操作的。第二段比较长,每部分探讨一种报酬与待遇的具体形式。

一开始讨论的是薪酬体系里的"工资"模块,非常简短,"工资分配实行基于能力主义的职能工资制"。最先讨论"工资"问题不足为奇,对于一名员工来说,工资是他每个月能够拿到手的钱,是他能够活下去的物质依赖。一名员工,不管是不是能够为企业创造价值,都是要吃饭的,他可以不关心工作,却不可能不关心自己的工资,这是"菜篮子工程"。

在这一点上,华为是充分从员工角度来思考问题的,只要员工来上班,每个月工资就不会少发。华为和一般公司不一样,是每个月 15 日发当月的工资。这个月才过了 15 天,就把整个月的工资先发了。至于绩效、当月扣款之类的项目,则到下个月的工资里结算。甚至还有比这更"过分"的——华为会给新员工提前发工资。每个月 15 日以前入职的员工可以提前领到一个月的工资,16 日以后入职的员工可以提前领到半个月的工资,不用等到 15 日。入职办理工资卡之后两三天,工资就到账了,就是怕员工缺钱,生活困难。

当然，也有人质疑过这种提前发工资的制度，说万一有人提前拿到工资跳槽了怎么办？15日发工资，员工16日跑了怎么办？一般来说，企业都不提前发工资，而是要压一段时间，这才是常态。但是想想，员工哪里会感受不到公司的风险和公司对自己的信任呢？遇到会提前发工资的公司，只要不赶他走，他哪里会舍得随便离开呢？

基于能力主义的职能工资制

对影响员工日常生活的工资，要实行"基于能力主义的职能工资制"。这句话虽然只有十几个字，但不容易理解。其核心内容有两个，一个是"职能工资制"一个是"能力主义"。

职能工资制

什么叫职能工资制呢？简单点说，就是以职能为基础的工资制度。"职能"这个词语在《华为基本法》第三章第二节"组织结构"里就有出现："按职能专业化原则组织相应的部门，形成公司组织结构的主体。"职能专业化原则设立的组织包括研发、生产、人力资源、财务等不同的类型。基于这种对"职能"的理解，我们就大致明白第六十九条谈到的"职能工资制"，就是指工资制度是按照不同职能来建设的，研发、生产、市场、财务这些不同职能体系，会成为工资机制建设的基础要素。在研发体系里就拿研发工资体系的工资，如果工作调到市场部门了，就按照市场体系的工资制度发工资，整个华为的工资体系就是由多个职能工资体系组合起来的。这种情况下，同一个职能体系里的工资会有比较强的一致性，而不同职能工资体系之间可能就会存在差别。这样，华为一方面可以保证同一个职能体系内工资机制的系统性、一致性及公平性，另一方面又能够在不同的职能体系里获得较大的灵活性。例如，企业可以考虑让研发体系的工资水平领先行业内90%以上的公司，而同时让市场体系的工资水平只领先行业内75%以上的公司，甚至在生产体系里面只要处于市场平均工资水平就可以了。这时候，整个公司的工资体系就同时获得了系统性、公平性与灵活性的特点，能够更好地支撑公司的人力资源战略。

职能工资制按照职能建设工资机制，不同职能之间工资的可比性就大大降低了，员工一般就没法进行跨职能的工资对比了。但此时仍然要重视同一个职能体系内工资机制的一致性与公平性。比如说，同在研发体系里面，为什么我拿的工资不如别人高呢？这时候，就要理解华为是"基于能力主义的职能工资制"。

能力与贡献，哪个更重要

你的能力决定了你在这个职能工资系统里拿多少工资。为什么是能力呢？《华为基本法》第一章第四节第十九条"价值分配原则"

中说"按劳分配的依据是：能力、责任、贡献和工作态度"。针对这一条我们已经讨论过为什么能力是按劳分配的第一依据，这是由价值分配的目的决定的。华为分配价值是为了驱动大家在未来更好地为公司创造价值，对于公司而言，一个人所拥有的能力比他曾经取得的成绩更有价值。这并不是要否定员工过去的贡献——贡献也是按劳分配的依据之一，只不过不是排名第一的依据。

在华为，一个人的能力并不是独立于他的历史贡献之外的，反而是紧密关联的。华为建立了面向所有职能体系的任职资格系统，比如研发人员需要参加研发任职资格的评价，最后获得一个任职资格的级别，而这个级别又会决定该员工在研发工资体系里拿什么级别的工资。取得更高的任职资格级别，员工就能获得更高的工资。那么关键问题来了，怎样才能获得更高的任职资格级别呢？

华为任职资格评价的评价要素包括专业工作经验、知识水平、技能等，其中最关键的内容是员工曾经取得过怎样的成功，比如说负责过多大难度的项目，曾经解决过怎样的危机，曾经培养了几个什么水平的人才。员工得用自己曾经做过的贡献和业绩来证明自己拥有这个能力，所以能力是以贡献为基础的。在这种情况下，员工就不会畏惧困难。相反，他们会渴望迎接挑战，主动提出去承接更大的困难项目，因为这样能为自己的任职资格评价增加一个强有力的证明材料，从而提升级别，进而提升工资。

基于能力主义的职能工资制，是一个既能保证系统性、公平性又能保证灵活性的工资机制。同时，它还能促使员工通过不断挑战工作中的困难来提升自己的能力，是一个一箭多雕的机制。

奖金与工资的不同逻辑

在华为，工资是按月发给员工的，如果员工获得了某个工资级别，那么只要来上班，就会每个月拿到这笔工资。这笔钱大概能养活一个人，但要想富裕起来，估计是不可能的。如果想要更多的钱，就得拿华为的奖金。

第六十九条第二段讨论的第二种报酬形式就是奖金，"奖金的分配与部门和个人的绩效改进挂钩"。

奖金是华为员工重要的收入组成部分，现阶段可能人均能拿到20多万元，所以每到发奖金的时候，大家就热烈地讨论该如何制定合理的节税方案。当然，发奖金的时候一定是几家欢喜几家愁的，不管怎么样，"在报酬与待遇上，坚定不移向优秀员工倾斜"的基本原则是必须遵守的。那么什么样的人算优秀员工呢？与前面对工资的考虑不一样——在工资分配的过程中，优秀员工是指能力强的员工，而发奖金的时候，优秀员工是指绩效好的员工，员工的奖金金额是与公司、部门和个人的绩效直接挂钩的。

一般情况下，根据部门绩效的情况，公司会给部门一个奖金包，然后各部门再根据下属的绩效情况分配这个奖金包，这样层层分解，最终分到个人头上。一般来说，绩效得 A，奖金肯定是最多的；B+ 的情况下奖金会明显少于 A，但还是比较多的；绩效评价得 B 的情况下，奖金又会比 B+ 少很多；而绩效评价得 C 以下的人，是没有奖金可言的。

在华为，获得百万级别奖金的人有很多，他们在内部有着非常强的示范作用，大家都知道如果能为公司创造出足够大的绩效成果，自己就会得到足够多的奖金。有这么多高奖金的榜样在前面，奋斗者的主动奋斗精神就变得特别强，当然公司也就充满活力。

各有特色的安全退休金与医疗保险

除了工资和奖金，第六十九条第二段谈到的报酬和待遇还有两种形式，一种是安全退休金，一种是医疗保险，这两种类型的报酬属于企业福利的范畴。关于安全退休金是这么说的："安全退休金等福利的分配，依据工作态度的考评结果。"

什么叫安全退休金呢？这是 2000 年之前华为的一种制度。当时我国还没有统一的养老保险机制，民营企业在整个社会中的地位也还不完全被大家接受，很多人觉得在私人企业工作是不太安全的，认为那里是干一天算一天钱的，员工老了就没人管了。而在国家单位工作，退休之后是发退休金的。当时的华为员工还都非常年轻，平均年龄在 30 岁以下，离退休还远，但是大家心里有这么一个坎，不迈过去不行，一些人会寻思什么时候有机会找个国家单位。这样心神不定的工作状态,肯定是会削弱企业竞争力的。

于是华为设计了一个安全退休金的制度，每年公司给员工存一笔钱，用于未来员工退休养老，这笔钱平时是不发的，在员工的退休金账户里，由公司按照月薪的 2.5 倍存入，金额很大。有这么多的钱，员工退休以后就应该是安全的，所以叫安全退休金。

安全退休金虽然是福利，但员工也不能吃大锅饭，一样要遵循"坚定不移向优秀员工倾斜"的原则。只是这个时候优秀员工的标准又变了，什么人算优秀员工呢？劳动态度好的。华为当时给全员做劳动态度评价，评价是"优"的人，年度退休金总额是四个月的工资，评价是"良好"的有三个月工资，评价是"中"的有 2.5 个月工资，评价是"可以"的有两个月工资，评价是"差"的也有一个月工资。

这个机制就希望员工能够体现出良好的工作态度来。但是这个制度执行没多久，国家规定统一缴纳养老保险，华为就遵循国家的养老保险制度，不再自己搞一套了。

医疗保险也是这样，华为当时设计了一个自己的医疗保险制度，但现在也走国家统一的医疗保险制度缴费了。但作为第六十九条的内容，我们还是可以看一下当时设计的逻辑与理念："医疗保险按贡献大小，对高级管理和资深专业人员与一般员工实行差别待遇，高级管理和资深专业人员除享受医疗保险外，还享受医疗保健等健康待遇。"

很明确，医疗保险也是差别对待的，这种差别与员工在公司的岗位相关，岗位越高，医疗保险金额就越高。

总体来看，第六十九条第二段总共提到了四种类型的报酬：工资、奖金、安全退休金和医疗保险，当时设计的逻辑是所有报酬都要向优秀员工倾斜，但是对优秀员工的认定规则却是多维的，工资与能力挂钩，奖金与绩效挂钩，安全退休金与态度挂钩，医疗保险与职位挂钩。我们能看到这个逻辑是非常系统、严密的。

社会发展不是能准确预料的，当时华为并不知道国家会推出《社会保险法》，会实行统一的养老保险与医疗保险制度，加上华为在福利待遇上主张货币化和社会化，所以后来就放弃了第六十九条设计的安全退休金与医疗保险机制，切换到国家统筹安排的模式了。

华为全面地考虑员工的报酬与待遇问题，通过报酬和待遇推动员工努力工作，把这个分配过程变成一个驱动过程，是这一条的内核与关键，而报酬的具体形式是可以变的。事实上，当时华为也有没考虑到的问题，比如国际化扩张的时候把大量员工派往艰苦地区。后来华为设计了各种不同类型的补助补贴，比如艰苦地区的补贴是每天70美元，折算下来一年有十几万元人民币。当时华为没有考虑到住房公积金的问题，而现在会给员工缴纳住房公积金。也就是说，华为的报酬和待遇并不是僵化的，是根据实际情况不断调整的，然而基本逻辑和基本原则是长期保持一致的，要导向奋斗，导向发展。

最高薪酬水平：加满油动力足

第六十九条还有第三段内容："我们不会牺牲公司的长期利益去满足员工短期利益分配的最大化，但是公司保证在经济景气时期与事业发展良好阶段，员工的人均年收入高于区域行业相应的最高水平。"

这一条第二段讨论的是薪酬的结构，第三段则是要谈薪酬水平问题了，而且谈得非常霸气，准备让华为"员工的人均年收入高于区域行业相应的最高水平"。

华为在国人的眼里就是一个"土豪"公司，盛产"土豪"。2018年华为的人均薪酬是59万元，这还只是员工拿到的钱。事实上华为在员工身上花的钱，也就是年人均人工费用，则达到了78万元。这是与华为确定的薪酬策略有直接关系的，华为"保证在经济景气时期与事业发展良好阶段，员工的人均年收入高于区域行业相应的最高水平"，发多少钱是结果。

只不过在说这句话之前，它打了一个补丁，说"我们不会牺牲公司的长期利益去满足员工短期利益分配的最大化"，意思是发行业最多的钱不是为了满足员工短期的利益，如果会伤害公司长期利益，就不发这么多钱了。反过来想，这里的意思也就是：发行业最多的钱是有利于公司长期利益的。

这是很多人不能理解的。很多企业舍不得给员工发钱，因为发多了股东会不高兴,如果省着点发,公司利润就多了。

华为是不会优先考虑股东短期利益的,它考虑的是如何促进企业提升竞争力,这其实与股东的长期利益是一致的。做到"员工的人均年收入高于区域行业相应的最高水平",显性的好处就是员工不会因为钱的问题被别的公司挖走,相反,如果华为愿意挖人,倒是变得很容易。这种情况下,几乎所有同类企业都是华为的人才库。而且员工也知道去别的地方没有这么多钱,所以同等情况下他就会更加珍惜工作机会,当然奋斗精神也就会更足一点。

其实这也不是华为的创举,有一个更早的著名案例是福特。1914年美国工人的日薪酬是2~3美元的时候,福特给出了5美元的日薪,结果公司门口排起了求职者的长队。

亨利·福特后来写道:"我们想支付这些工资,以便公司有一个持久的基础。我们为未来而建设,低工资的企业总是无保障的。为每天8小时支付5美元是我们所做出的最好的减少成本的事之一。"

华为掌握了福特的这种经验,一直坚持领先的薪酬政策。很多人都记得2016年任正非讲了一句广为流传的话:"钱给多了,不是人才也变人才!"所以高薪酬水平并不是一味地希望改善员工福利,考虑这个问题的出发点是企业竞争力。

第六十九条专项讨论了华为的薪酬政策,包括薪酬结构和薪酬水平。除了退休金和医疗保险因为时代变化而改变了,其余的内容华为是坚持到现在的。

极具挑战的自动降薪

原文：第四章第四节第七十条（自动降薪）

公司在经济不景气时期，以及事业成长暂时受挫阶段，或根据事业发展需要，启用自动降薪制度，避免过度裁员与人才流失，确保公司渡过难关。

自动降薪背后的考虑

"自动降薪"听起来有点疯狂，因为前面的第六十九条"报酬与待遇"说，华为公司"保证在经济景气时期与事业发展良好阶段，员工的人均年收入高于区域行业相应的最高水平"。我们接收到的信息是，华为是实行领先薪酬政策的，是要通过高薪酬来吸引和激励员工。那是在什么情况下，华为会要求员工降薪呢？而且还是"自动降薪"！

薪酬有一定的"刚性"，一般来说只能增不能减，薪酬下降，哪怕是很小幅度的下降，对员工的内心冲击都非常大，很容易伤害员工的工作积极性，甚至导致员工离职。另一方面我们也知道，市场具有不确定性，万一哪天企业经营遇到困难，支付不起这么多工资的时候该怎么办呢？遇到这种情况，大多数欧美企业的做法都是裁员，宁愿解雇一些人，保持留下的人薪酬不下降。因为集体降薪的压力实在是太大了，说不定一次就会让公司崩溃。

《华为基本法》在这里提出"自动降薪",到底是出于什么考虑呢?

这一条提出了三种情况下要启用自动降薪制度,一是经济不景气时期,二是事业成长暂时受挫阶段,三是根据事业发展需要。总之是指非常特殊的情况下才考虑启用自动降薪制度,正常发展的阶段是不会这么做的。

之所以降薪,就是为了"避免过度裁员与人才流失,确保公司渡过难关"。华为不希望遇到困难的时候像欧美企业一样拼命裁员,它可能也会裁员,但是希望不过度。困难时期裁员是一种釜底抽薪的办法,企业遇到困难的时候要解散优秀人才,除非是企业今后不干了。如果企业还要继续干,还要从困难中走出来,除了依靠人,还能依靠什么呢?如果人都散了,对未来再次崛起当然是非常不利的。而自动降薪就是大家都少拿点钱,勒紧裤腰带,帮助公司养活多一点的优秀人才。虽然这里谈的是降薪,背后却是华为对保留人才的渴望。

2019年5月21日,任正非举行中国媒体圆桌会议的时候,举了德国和日本"二战"后重建的例子。当时德国和日本各方面都被战争破坏得非常厉害,但是很快就恢复了,他认为成功的经验是这样的:"当时有一个著名的口号,'什么都没有了,只要人还在,就可以重整雄风。'没过多少年,德国就振兴了,所有房子都修复得跟过去一样。日本的经济也快速恢复,这得益于他们的人才、教育和基础,这点是最主要的。所有一切都可以失去,不能失去的是'人',人的素质、技能和信心很重要。"

基于这样的认知,任正非认为一个国家最重要的就是教育,教育会提升整个国家的人才水平。对企业来说,最重要的就是留住那些优秀的员工。企业遇到困难是在所难免的,真的遇到困难的时候,华为希望可以大家共同勒紧点裤腰带,一起努力奋斗,而不是大量解聘员工。

大多数欧美企业其实并不是不理解任正非的这个逻辑,而是实际情况下大多数员工不接受降薪。工资刚性的规则下,降薪会严重伤害员工的积极性,所以多数企业害怕降薪的严重后果,宁愿裁员也不敢降薪。

我们从员工的角度来考虑一下这个问题:我所在的公司遇到困难了,本来我每个月拿1万元的工资,现在要降到7 000元了。这么一来的话,我的工资可能就不够支付房贷、车贷、生活成本这些开支了,而此时人才市场上另一家企业在招聘员工,它没有遇到困难,能够按照1万元的市场价格给我薪水,这时候我是该走还是该留呢?

这么简单的道理,华为怎么会不懂呢?可是,为什么华为就不怕降薪会影响员工的工作积极性呢?其实华为也怕,正是因为怕,才提出第七十条,早早地让员工做好心理准备。

任正非有一次自己解释自动降薪,他说:"第二次世界大战结束后,德国经济遭受很大的破坏,工会便联合起来,号召大家降薪,从而增强企业活力。这使我很感动,德国工人把企业的生死存亡看得很重。我们也不能把员工培养成贪得无厌的群众。我们要向员工的太平意识宣战。现在的市场是十分严峻的,外国厂家拼命倾销,令中国企业不堪重负。我们有员工提出,既然公司花很多钱支持希望工程,提供寒门学子基金,还要支持烛光计划,为什么不建华为大厦,让自己免费居住?为什么不实行食堂吃饭不要钱的政策?不管公司经济上能否实现,这些要求都反映了员工的太平意识,这种太平意识,必须要长期给予打击,否则公司就会开始走向没落。现在公司的自愿降薪就是用演习的方式打击员工的太平意识(任正非,《华为的红旗到底能打多久——向中国电信调研团的汇报以及在联通总部与处以上干部座谈会上的发言》,1998 年)。"

从这段话可以看出来,任正非更加在意的是员工面对困难的精神状态,他希望全体华为员工不要时刻把自己的个人收入放在第一位,不要成了"贪得无厌的群众",而是在公司遇到困难的时候,能够为公司做一点付出。

华为唯一的降薪事件

事实上,自华为公司创立以来,仅仅发生过一次降薪事件。

那是在 2003 年的春节之后,任正非、孙亚芳带头,华为总监级以上干部总共 454 人向人力资源部递交了自愿降薪 10% 的申请书,发起了华为历史上第一次自愿降薪行动。

2003 年是一个非常特殊的年份,是华为发展史上唯一一次营业收入规模不增长的阶段。当时的大环境是 IT(信息技术)产业泡沫破灭，整个产业处于寒冬时期。那时候就是第七十条说的"经济不景气时期"或者"事业成长暂时受挫阶段"。这个时间节点在某种意义上是一个很好的演练自动降薪机制的机会。

当时的454份自愿降薪申请里，华为批准了362份，还有92人的申请没有被批准。对这些没有被批准的人，任正非解释说："不批准只有一个原因，工资低于应该给他的金额，再降就不平衡了。但他们的行动是非常可贵的，体现了困难时期与公司同呼吸、共命运的精神，他们也应被历史记录下来。"

2003年华为的自愿降薪行动仅限总监级和行政主管以上级别的人员，对业务专家、骨干、普通员工并不做要求。相反，对绩效好、任职资格不断提升的优秀员工，特别是技术和业务骨干，该涨工资的还是涨，并没有放弃对优秀员工的激励。

当时华为的《管理优化报》就自愿降薪行动发表了一篇评论员文章，里面有这么一段话："历史似乎回到了1996年那场惊天地、泣鬼神的壮举——市场部集体大辞职……1996年的故事已成为历史，和市场部集体大辞职相比，今天总监级以上干部自愿降薪的行为虽没有那么悲壮，却多了些成熟。其实降薪10%对华为的财务数据又能影响多少？但它却开创了工资能升能降的先河。它表明华为的薪酬体系不再是刚性的，而是一种能适应市场周期性调整，即使在困难条件下也能保持公司竞争力的柔性的薪酬制度，这是我们度过"冰河期"的保证。这种自动降薪行为体现了公司中高层管理者在当前的行业环境下能与公司同甘苦、共命运的信心和决心。这种信心和决心犹如黑暗中的微光,鼓舞着华为人团结一致、奋勇拼搏。"

自愿降薪并没有降低人工成本的现实意义,然而它激发了员工与公司同甘苦、共患难的精神。就像现在华为面临美国政府的打压,很多华为员工在内网发帖子说愿意自动降薪,华为并没有鼓励大家提交自愿降薪申请,因为这时的华为员工,内心已经与公司紧密联系在一起了,大家的危机意识已经足够高了。

华为非常明白,世界上从来没有哪家企业是靠减少员工工资而发展起来的,如果不能激发大家的斗志,降薪再多也是没有用的。《华为基本法》第七十条是希望能够通过一种制度化的安排,将外部市场的压力传递到管理者和员工身上,万一有那么一天面对极度寒冷的冬天时,华为就是降薪保企业,也不会让管理者和员工有过于突然的感觉,从而把企业发展放在个人利益之前,保证全员在困难面前同心同德,并肩作战。

科学的用人之道

原文：第四章第四节第七十一条（晋升与降格）

每个员工通过努力工作，以及在工作中增长的才干，都可能获得职务或任职资格的晋升。与此相对应，保留职务上的公平竞争机制，坚决推行能上能下的干部制度。公司遵循人才成长规律，依据客观公正的考评结果，让最有责任心的明白人担负重要的责任。我们不拘泥于资历与级别，按公司组织目标与事业机会的要求，依据制度性甄别程序，对有突出才干和突出贡献者实施破格晋升。但是，我们提倡循序渐进。

晋升与降格，就是一家企业的用人之道。古往今来，任何一个成功的组织都与它成功的用人之道不可分离，或许不同组织的用人之道具体内涵有所不同，但是它对组织成功的影响都是一样的重大。这里有一个没有说出来的假设：虽然每一个员工在人格上都是平等的，但是他们所在的岗位对公司的价值却是各不一样的。

把恰当的人提拔到重要的岗位上来，或者把不合适的人从重要岗位上换下来，对组织获得成功是有重大影响的。有时候就是因为提拔了一个正确的人，一个组织，甚至一支军队，一个国家就获得了胜利；而提拔了一个错误的人，就导致了灾难性的失败。这种案例在历史上比比皆是，数不胜数。

从企业发展的角度来看，"晋升与降格"是非常重要的，而换一个角度，从企业员工的角度来看，"晋升与降格"就不仅仅是重要了，而是整个"职业生涯"，是人生的一部分。

《华为基本法》第一章第四节第十九条"价值的分配形式"里说："华为可分配的价值，主要为组织权力和经济利益"。组织权力就放在经济利益之前，而这个组织权力的分配过程，非常大的一部分就是通过"晋升和降格"来实现的，对员工来说这是一条在企业中的升官发财之路，是实现个人事业理想和抱负的道路，也是挣钱改善家庭生活的道路。

双通道晋升机制

晋升双通道

第一句话看起来很简单，但含义很丰富，最重要的是这句话指明了华为可以提供的发展道路。这句话说："每个员工通过努力工作以及在工作中增长的才干，都可能获得职务或任职资格的晋升。"这句话落脚点是"可能获得职务或任职资格的晋升"。所谓"晋升",包含了两种可能,一种是职务上的晋升,另一种就是任职资格上的晋升。

职务上的晋升比较容易理解,即从员工开始,晋升为组长、经理、总监、副总经理等等,这是非常典型的在企业里面升职的路径,几乎每一家企业都有一条这样的晋升通道。这样的晋升通道,对企业和员工来说都是非常有必要的。企业通过这样的方式获得一支管理者队伍,员工通过这样的方式,获得更好的职业未来。

如果企业只有这样一条晋升通道,会导致两个不良后果。第一,晋升通道太狭窄,承载不了太多人。管理岗位有限,很多优秀的人竞争一个管理岗位,注定有一些优秀人才没办法获得晋升,这会导致人才流失。第二,对专业领域的员工非常不友好。因为单一的管理晋升通道意味着任何一名员工,如果想承担更大的责任,赚更多的钱,就必须去争取更高的管理岗位。然而,企业里面有一批人,他们在专业岗位上是专业能手,却非常不善于管理。比如有些人特别善于做销售,是十分厉害的业务员,能够源源不断地给公司带来大订单,把他晋升为销售经理之后,公司就损失了一个优秀业务员,多了一个蹩脚的三流管理者。有些人是技术天才,能解决复杂的技术难题,但并不是一个合格的管理者。

和一般公司相比,这样的问题在华为更加严重。因为华为是技术型企业,有大量的技术人才,如果让这些技术人才去竞争管理这条晋升通道的话,沉下心来做研究的人会受到不公平对待,那么华为公司也就没办法承载足够多、足够优秀的技术类、营销类和职能类的专业人才。

在这种背景下，华为就开始考虑开辟管理晋升通道之外的专业晋升通道，也就是开始着手建设任职资格体系。1997年，孙亚芳亲自带队到英国去学习英国的国家职业资格（National Vocational Qualification，简称NVQ）体系，英国人在1986年就开始尝试使用这样的职业资格体系了。孙亚芳回来之后就在华为建设了庞大而系统的任职资格体系，这在中国企业史上是一个开创性事件。国内其他企业如果想要学习任职资格体系的话，是绕不开华为这座高峰的。

通过任职资格体系建设，华为设计了管理晋升通道之外的第二个晋升通道，也就是专业晋升通道（见图6-2）。

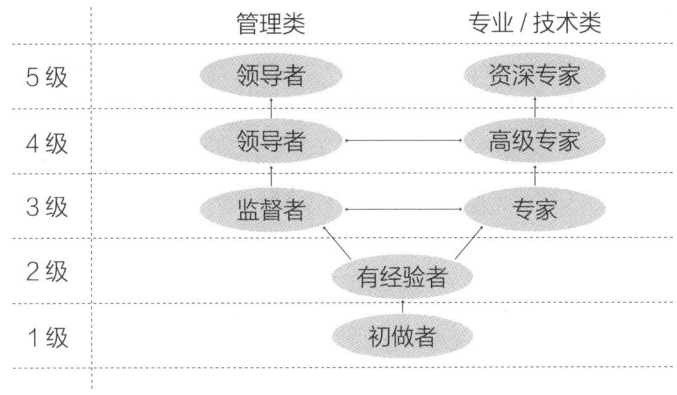

	管理类	专业/技术类
5级	领导者	资深专家
4级	领导者	高级专家
3级	监督者	专家
2级	有经验者	
1级	初做者	

图6-2 华为双通道示意图[1]

---

[1] 源自《华为任职资格标准体系解析》https://cloud.tencent.com/developer/news/599223

专业晋升通道是一个大类别，里面包含很多子项，比如有营销类、技术类、职能类和操作类几个大类别，每一个大的类别又可以进一步细分，比如技术类可以进一步分为系统、软件、硬件、机械和工程等十几个小类（见图 6-3）。

职位类别

管理族	三级管理、四级管理、五级管理
技术族	系统、软件、硬件、技术支援、IT、制造、质量管理……
营销族	销售、产品、营售策划、营售工程、市场财经、公共关系
专业族	计划、流程管理、人力资源、财经、采购、秘书……
操作族	装配、调测、物料、检验、设备、技术员…… （参见华为人字 2002（04）号文件）

图 6-3 华为职位类别表[1]

在每一个小类上，华为也建设了任职资格体系，专业类的任职资格体系一般包含五至六个级别，每一个级里面又分为四个等级，包括预备类、基础类、普通类和职业类（见图 6-4）。

---

[1] 源自蒋伟良《100 张 PPT 学习华为职位与任职资格管理！》https://www.sohu.com/a/222263294_505781

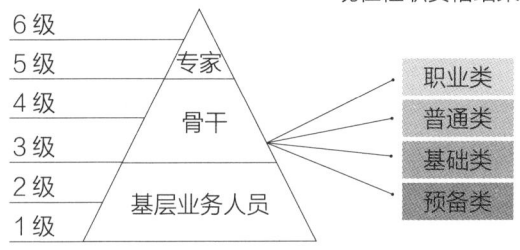

图 6-4 华为任职资格等级示意图[1]

在任职资格体系里面，专业类和管理类的层级是有关联性的，最高级别的专业类任职资格等级可以享受到和最高级别的管理者一样的待遇，这样一来员工就不必一定要在管理通道上寻求晋升，通过专业通道晋升也可以实现职业理想和抱负。华为最高级别的技术专家，待遇大概就和院士差不多，甚至他们的科研经费和实验室都比一般的院士要强。正是有了这样完善的任职资格体系，占华为员工总数45%的研发人员，再加上营销类和职能类员工，十几万人都可以通过专业晋升通道晋升。

任职资格体系设计非常复杂，《华为基本法》第七十一条只是确定了双通道的晋升路径，但双通道晋升路径是有明显差别的——管理通道是以公司职位权力为基础的等级系统，专业通道是以技

---

[1] 源自蒋伟良《100张PPT学习华为职位与任职资格管理！》https://www.sohu.com/a/222263294_505781

术和专业能力为基础的等级系统。一个以权力为核心，一个以能力为核心。基于技术和专业能力等级的一系列专业技术岗位创造出了大量的岗位资源。与有限的管理岗位相比，专业岗位是没有限制的，它的数量可以根据企业在不同时期不同的发展状况灵活地调整，这样一来，每个员工"都可能获得职务或任职资格的晋升"，就会成为现实。这为华为员工的发展打开了一片广阔的天空。

员工获得晋升的办法

第七十一条的第一句话不仅提出了双通道的晋升路径，还给员工指明了获得晋升的办法——通过努力工作，以及在工作中增长的才干。

同样的思想在前面的"三公"准则里面已经提出来了。第四章第一节第五十八条"公平"中说过："每个员工应依靠自身的努力与才干，争取公司所提供的机会；依靠工作和自学提高自身的素质与能力；依靠创造性地完成和改进本职工作满足自己的成就愿望。"

第七十一条和第五十八条表达的意思一样，而且还与第四章第三节"考核与评价"里第六十六条"考评方式"的内容对应起来了："对每个员工和干部的工作绩效、工作态度与工作能力的一种例行性的考核与评价。"

华为员工不仅要做好工作，还要不断提升自己的专业能力。如果不提升能力，只是兢兢业业地、像老黄牛一样地重复做同一件事、当一个螺丝钉，是不会被晋升的。怎样才能提升能力呢？第七十一条说要通过"在工作中增长的才干"，就是说，公司鼓励员工突破日常工作范畴，多去承接那些困难的、复杂的工作，这样才干提升的速度会比较快。这也就是为什么华为的员工总体上表现得非常好战，喜欢去啃硬骨头。每天做容易简单的事情，员工反而会不高兴，因为这样才干的增长速度慢，得不到晋升机会。

避免彼得定律陷阱

在设计了双通道机制，并指出基本的晋升路径之后，第七十一条的第二句话又重点讨论了管理通道的问题："与此相对应，保留职务上的公平竞争机制，坚决推行能上能下的干部制度。"

公平竞争

公平分配机会是华为人力资源管理体系的核心理念。第十八条里面确定华为可分配价值的第一项是机会，第二项是职权，后面才是工资、奖金之类的。而"三公"准则里面的第一个准则是公正评价，这是在为公平分配打基础，只有做到公正评价，才能做好公平分配。单独的评价是没有意义的，不管评价多么公正，只有在公正评价的基础上实现了公平竞争才有用。第七十一条提到的"保留职务上的公平竞争机制"不是新产生的念头，而是基于上文提到的基础理念形成的。

能上能下

既然是公平竞争，那就是有能力的人上，没能力的人下，第七十一条第二句话的后半句说"坚决推行能上能下的干部制度"。干部能上能下是很多企业挂在嘴上，写在纸上，贴在墙上的标志性话语。但真正把"能上能下"制度化的企业非常少。干部晋升可以制度化，而干部降格往往不能制度化。一般来说，某个干部被降格是因为倒了霉，惹怒了老板，并不是制度化的结果。

干部降格不容易制度化的原因有两个方面：一是执行难，会带来痛苦。痛苦的不仅仅是被降格的人，他的领导也痛苦。管理者去实施职位降格会有非常大的压力，甚至比辞退一个人还要难。辞退了某个员工，今后就不用面对他了；而降格某个员工，今后还会在公司里遇见。除非是被降格的对象犯了很大的错误，否则这件事情会变得十分为难，实施职位降格的管理者可能会被记恨。二是很多人对干部降格的重要性认识不足。有人认为公司的干部队伍总体上是好的，为了保护员工积极性，挑出几个人来降格是没有必要的，除非员工犯了大的错误。

如果对干部降格的重要性认识不足，而又觉得这件事情很难，正常情况下公司都不会花大力气去干一件又难又不重要的事情。

美国著名管理学家劳伦斯·彼得和雷蒙德·赫尔在1968年出版了《彼得定律》这本书，针对上述问题，劳伦斯·彼得提出了广为传扬的"彼得定律"。"彼得定律"提到,在组织里雇员会因为业绩出色而接受更高级别挑战,这样雇员就会晋升;如果业绩一直出色就会被一直晋升,直到有一天雇员被晋升到一个他无法称职的位置,那么他的晋升过程便终止了。

许多主管被晋升到他们不能胜任的位置之后无法改进现有的状况,因为所有的员工已经竭尽全力了,为了再增加产出,只好再雇用更多的员工。员工的增加或许可以使产出暂时提升,但是这些新进的人员最后可能也会晋升到他们所不能胜任的阶层,改善这种局面的唯一方法就是再次增雇员工,再次获得暂时的增长,但最后会再一次逐渐归于低效率。

对于组织而言,当一部分人被晋升到不称职的位置之后,就会造成组织里人浮于事,效率低下,平庸者出人头地,最终造成组织发展停滞。

为了对抗"彼得定律",企业要有能上能下的干部制度。如果发现员工不能胜任他所在的岗位,就要对他进行降格处理。做不到干部能上能下,会对企业造成很大的伤害。认识到缺乏干部降格的机制会导致"彼得定律"的风险之后,即使"降格"这件事情做起来再难也得做。

任正非在他签发的 2018 年第 22 号《总裁办电子邮件》里面就明确提出来要对干部进行末位淘汰:"每个干部都要敢于担责,不敢担责、不行权的干部要问责、撤换。……干部要有忧患意识,公司才有希望。干部也不能拿公司做人情,对于做不出成绩、不敢淘汰和降级不合格员工的主管，要施行每年10%的末位淘汰制度。"在干部能上能下的机制上，华为是铁血政策，毫不含糊。

没人可换的窘境

对于很多企业来说，干部降格在实施的过程中还有一个客观困难——没有后备干部队伍。即使这个干部工作不称职也不能撤掉他，因为撤掉他之后这个岗位没人接手，他虽然不行，但是其他人更加不行。这是企业的硬伤，一时半会解决不了。如果企业要想建设干部降格的制度，就必须先建设后备干部队伍。在华为，干部后备队的建设责任由部门的"一把手"承担，同时华为人力资源部和华为大学也会介入。在华为，干部后备队的建设已经是一个分层分级建设的庞大体系，以确保华为大部分的现任干部可以随时被替换。对于想向华为学习的企业来说，要想真正形成干部能上能下的机制，必须像华为一样先打造干部后备队。

让最有责任心的明白人担负重要责任

第七十一条的第三句话说："公司遵循人才成长规律，依据客观公正的考评结果，让最有责任心的明白人担负重要的责任。"

这句话一开始就提出来"公司遵循人才成长规律"，是指人才成长不能太急于求成，晋升速度要与人才成长的速度相匹配。更重要的是要"依据客观公正的考评结果",公正的考评是公平竞争的前提与基础,遵循人才成长规律当然也包含对人才进行公正的考评,用考评结果来验收人才成长的结果,更好地促进人才成长。这样一来,人才成长与晋升就会在一个有指标、有刻度的环境下实现。

人才成长起来之后,就要承担责任。第七十一条第三句话最后说:"让最有责任心的明白人担负重要的责任"。"明白人"是任正非特别偏爱的一种表述方式,是指真正懂得如何开展工作的人。华为实行职务晋升机制目标就是要让"最有责任心的明白人"到岗位上来承担重要责任。

"最有责任心的明白人"这种表述方式是在《华为基本法》第八次讨论稿之后才修改的,之前是:"让最明白的人最有权,让最有责任心的人担负最重要的责任"。为什么要改呢?因为"让最明白的人最有权"和"让最有责任心的人担负最重要的责任"是冲突的。最有权就担负最重要的责任,这是同一回事,但是"明白人"和"最有责任心的人"却可能不是同一个人。因为承担最重要责任的人必须是两个特质都符合的人,所以就改为"让最有责任心的明白人承担重要责任"。

这是非常重要的一句话,是第七十一条要实现的终极目标,是第七十一条的灵魂。前文讲过"晋升与降格"存在两个视角,一个是员工角度,一个是企业角度。从员工角度来看,关键就是要有基于公正评价的公平竞争;从企业角度看,最关键的内容就是

"让最有责任心的明白人担负重要的责任"。

权力要下放

任正非曾经用很长一段话对这一条进行解释，这个解释可以分为三段。首先，他说："我们让最有责任心的人担任最重要职务。到底是实行对人负责制，还是对事负责制，这是管理的两个原则。我们公司确立的是对事负责的流程责任制。我们把权力下放给最明白、最有责任心的人，让他们对流程进行例行管理。高层实行委员会制，把例外管理的权力下放给委员会。并不断把例外管理转变为例行管理。流程中设立若干监控点，由上级部门不断执行监察控制。这样公司才能做到无为而治。"（引自任正非《华为的红旗到底能打多久——向中国电信调研团的汇报以及在联通总部与处以上干部座谈会上的发言》1998年）

任正非在这里解释了"晋升与降格"要实现的管理目标，就是要找出最有责任心的明白人，然后把权力下放。晋升某个最有责任心的明白人，不能只是给一个名号或者多发一点工资，最重要的是要给权力。

很多企业家都认为要给管理者更多的权力。但是很多企业只是给了加班的权力和员工独自努力的权力。任正非说"到底是实行对人负责制，还是对事负责制，这是管理的两个原则。我们公司确立的是对事负责的流程责任制。"意思就是一个人晋升之后就是被赋予了权力，此时他不是要对人负责，不是对提拔了自己的上级负责，是要对晋升到的这个岗位负责，对事情负责，对工作流程的有效运转负责。

这样一来，整个公司的权力结构变了，公司的每一级管理者不是看上级脸色行事，而是要"眼睛盯着客户，屁股对着老板"，这样客户才会满意，工作才会做好。另外，上级领导的个人权威也无处安放，从而在内部打破了官僚体制的氛围。任正非出差不能有人去接送，接送违背了华为对事负责而不对人负责的基本原则，晋升上来的干部并不是领导的服务员。

服务上级领导不是企业各级管理者的工作职责，但是这在国内大多数企业里面又是非常基本的，不用明说的。甚至很多管理者非常享受下属对他个人负责而不是对事情负责，因为他们从中获得了一种荣耀感，所以很多人舍不得破除这种氛围。

如果权力真的下放给了晋升上来的员工，管理者就没有权力去干预员工的工作了。很多企业家都宣称自己放权了，但却一直干预到最底层的市场促销活动，特别享受一竿子插到底的干预。这就是假的、口头上的权力下放，所谓晋升也是假的、不给权利晋升。如果企业在晋升这件事上做到"让最有责任心的明白人担负重要的责任"，那么会给企业带来巨大的价值，同时也对企业家的心性和认知有极高的要求。

成就感要给他人

任正非解释这句话的时候说："公司也很重视优秀员工的晋升

和提拔，我们区别干部有两种原则，一是社会责任（狭义），二是个人成就感。社会责任不是指以天下为己任，不是指先天下之忧而忧、后天下之乐而乐这种社会责任，我们说的社会责任是指在企业内部，优秀的员工对组织目标的强烈责任心和使命感大于个人成就感，是以目标是否完成来工作，以完成目标为中心，为完成目标提供了大量服务，这种服务就是狭义的社会责任。有些干部看起来好像没有什么成就，但他负责的目标实现得很好，起到了领袖的作用。范仲淹说的那种广义的社会责任体现出的是政治家才能，我们这种狭义的社会责任体现出的是企业管理者才能。"（引自任正非《华为的红旗到底能打多久——向中国电信调研团的汇报以及在联通总部与处以上干部座谈会上的发言》1998年）

任正非解释了"让最有责任心的明白人担负重要的责任"的"责任心"是什么，即对组织目标实现的责任。他要求把对组织目标实现的责任与个人成就感区分开来，这是深刻的洞见，是对人性的探讨。员工要为了实现组织的目标，甘愿牺牲个人成就感。

很多管理者喜欢指挥员工和下属争夺个人成就感。例如，某个员工做好一项工作，管理者看见之后说："谢天谢地，你总算按照我说的去做了，如果你当初听我的，早就成功了"。员工做对了，管理者立刻上来争夺个人成就感，很多管理者把追求个人成就感放在追求组织目标实现之前，甚至自己都没有意识到。如果企业目标失败了，他也会说："我早就预测到了这个问题，我苦口婆心跟你们讲，你们这些下属就是不听！"

任正非指出榜样是:"有些干部看起来自己好像没有什么成就,但他负责的目标实现得很好"。目标实现得很好,干部好像没有什么成就,那么成就给谁了呢?说明干部把成就感都给了其他人。这种智慧就像老子所说的"生而不有,为而不恃,功成而弗居"。

想让各级管理者做到这一点,老板首先要做到。如果从老板开始,加上企业晋升上来的各级管理干部在承担责任的时候都能做到把这种狭义的社会责任,也就是企业层面的责任放在自己的个人成就之前,那么这种晋升机制对公司的发展就会有强大的推动作用。

如何应对追求个人成就感的人

能做到前一点是非常不容易的,很多终其一生也做不到,就更不用说晋升上来的管理者。任正非也认识到这个现实,所以关于这一句的解释他还有第三段话:"我们还有些个人成就欲特强的人,我们也不打击他,而是肯定他,支持他,信任他,把他培养成英雄模范。但不能让他当领袖,除非他能慢慢改变过来,否则永远只能从事具体工作。这些人没有经过社会责任感的改造,进入高层,容易引起公司内部的不团结,甚至分裂。但基层没有英雄,就没有活力,就没有希望。所以我们把社会责任(狭义)和个人成就都作为选拔人才的基础。企业不能提拔被动型人才,允许你犯错误,不允许你被动。使命感和责任感不一定是个人成就感。管理者应该明白要帮助部下去做英雄,为他们做好英雄,为实现公司的目标提供良好服务。人家去做英雄,自己做什么呢?自己就是做领袖。领袖就是服务。一定要推行能上能下的干部制度,以使组织建设顺应市场形势的发展变化,增强企业的竞争力。"(引自任正非《华为的红旗到底能打多久——向中国电信调研团的汇报以及在联通总部与处以上干部座谈会上的发言》1998年)

这样一来,定义更加清楚。追求个人成就感的叫英雄,也还是肯定他,然而能够把企业责任放在个人成就感之前的人,就让他去当领袖。晋升的时候,"让最有责任心的明白人担负重要的责任",其实就是在选拔有使命感和责任感的领袖。

破格晋升怎么"破"

第七十一条的第四句话就在这个基础上提出了一个特殊的晋升机制:"我们不拘泥于资历与级别,按公司组织目标与事业机会的要求,依据制度性甄别程序,对有突出才干和突出贡献者实施破格晋升。"

这句话真正的落脚点是在"实施破格晋升"。什么叫破格晋升?前面第三句话说晋升要"依据客观公正的考评结果",考评包括绩效、态度和能力方面的考评,这些考评都有着严谨的流程和要求。比如,如果员工要获得任职资格评价,就需要先参加必备知识和核心技能的考试,满足相关工作经验的要求,之后要提交自己的举证材料，参加评价答辩和等待公示等一系列程序。获得任职资格之后，在提拔前还要有较好的中短期工作绩效，还要受到岗位职级、部门整体晋升比例等约束，且每次晋升的幅度也受到严格限制。华为人晋升的常规路径是非常系统和成熟的。

对抗机制僵化

任何一个规则在变得系统和成熟之后，就会有官僚化、呆板化的问题。例如，有一些人不善于参与"考评"，工作能力没问题，但是每次考评的结果并不好；还有一些人特别优秀，比一般人成长速度快很多，等着排队爬格子的晋升，就是在浪费优秀人才。为了对抗这种机制上的僵化，华为设计了破格晋升的通道，把打破规则本身设计成一个规则。从此华为的晋升就有两条道路，一条是常规晋升，另一条是破格晋升。但破的是什么格呢？第七十一条的第四句话的一开始说："我们不拘泥于资历和级别"，破格晋升破的格就是这个"资历和级别"。

怎么保障公平

在华为，资历是由历史业绩形成的，级别是通过各种考评形成的，如果说破格就破格，那公平性怎么保障呢？在华为被破格晋升的人并不少，2018年任正非提出来要破格提拔6 000人。这么多人被破格提拔，那不是在系统性地破坏之前建立的晋升机制吗？

破格晋升是有要求的，是"按公司组织目标和事业机会的要求"来实施的。比如 2018 年要破格提拔 6 000 人，任正非说，这 6 000 人是有结构要求的，他要求在 15、16 级破格提拔 3 000 人，17、18、19 级 2 000 人，其他层级 1 000 人。13、14 级的初级员工被破格提拔的人数比较少，主要集中在 15、16 级的骨干员工里面，这里面的好苗子要抓紧破格，在这两级员工里面被破格提拔的有 3 000 人，比重最大。17、18、19 级属于中层的中坚力量，这三个层级的优秀人才要加快提拔，一共破格晋升 2 000 人。所以，破格晋升本身是经过严谨考虑的，是组织建设的一部分，不是没有规则的。

破格晋升还要"依据制度性甄别程序"。华为干部的任用采用三权分立机制，把干部任用的权力分为：建议权与建议否决权；评议权与审核权；否决权与弹劾权。这些权力分别由不同管理团队行使：建议权由本部门行政管理团队行使；矩阵管理部门行使建议的否决权；华为大学行使评议权；本部门的上级部门来行使审核权；公司党委行使否决权；流程拥有者行使弹劾权。

在正常的晋升流程里要严格执行三权分立机制，在破格晋升的程序里有严格要求，因为破格晋升破的格是晋升对象身上一些资历与级别的限制，这个制度性的甄别程序要落实。

此外，任职资格晋升也有严格的流程。不同的任职资格评审委员会，在破格晋升的时候评价标准就不是任职资格文件上那样了。所以这种情况下，不管是哪种破格晋升，本身都是公平的，因为每个人都有相同的破格晋升机会。员工一边照着常规要求准备，做任职资格评价，努力提高绩效水平；另一方面也要尽力表现出突出的贡献和才干，争取早日获得破格晋升的机会。

破格晋升带来的影响

　　破格晋升会给被破格晋升的人带来惊喜。员工一旦被破格晋升，就会思考自己的条件其实是不够破格晋升的，想要达到名正言顺的标准就要更加努力。而没有被破格晋升的员工可能有两种反应：一是凭什么他可以破格？这种质疑会促进破格晋升更加公平；二是发觉自己还达不到破格晋升的要求，不如别人干得好，得更加努力。

　　同样的，给了破格晋升建议的管理者会更加关心被破格晋升人员的工作状况，避免破格晋升之后出了问题。

　　华为曾经出现过一个著名的事件——2014年，华为员工孔令贤被破格提拔3级之后，因为各种压力而选择离职。任正非知道此事之后，专门发布一封公开信，叫《寻找加西亚》，原文说："加西亚，你回来吧！孔令贤，我们期待你！2014年被破格提拔3级后，你有了令人窒息的压力，带着诚意离开了华为。周公恐惧流言日，更何况我们不是周公。是公司错了，不是你的问题。回来吧，我们的英雄。我们要形成一个英雄辈出的机制，英雄辈出的动力，英雄辈出的文化。要紧紧揪住英雄的贡献，盯住他的优点，而不是纠结英雄的缺点。回来吧，加西亚，是公司对不起你。"

这封公开信发布之后，华为内外一片哗然，任正非的这个做法让大家都感到非常震惊。这件事情之后，华为各级管理者对破格提拔人员的工作状态变得更加关心了。破格晋升机制对整个华为团队起到了非常好的驱动作用。

破格晋升成为华为人力资源机制里的常规机制。当然，华为希望这个机制不会被滥用，所以第七十一条还有非常简短的用于提醒大家的第五句话："但是，我们提倡循序渐进。"意思就是破格晋升要把握好度，不要搞过头。呼应了第三句话开头说的："公司遵循人才成长规律，破格晋升并不能否定人才成长规律。"

第七十一条文字不多，但内涵非常丰富。因为晋升与降格直接关联员工的职业生涯，同时又会影响企业的组织效能，所以必须慎重。这一条同时关注了员工视角与企业发展视角，内容构建非常巧妙，既让"晋升和降格"成为员工积极性的推进器，又让组织变得更加强大，使得最有责任心的明白人担负重要的责任。

不同人才的差异化培养路径

原文：第四章第四节第七十二条（职务轮换与专长培养）

我们对中高级主管实行职务轮换政策。没有周边工作经验的人，不能担任部门主管。没有基层工作经验的人，不能担任科以上干部。我们对基层主管、专业人员和操作人员实行岗位相对固定的政策，提倡爱一行，干一行；干一行，专一行。爱一行的基础是要通得过录用考试，已上岗的员工继续爱一行的条件是要经受岗位考核的筛选。

如何通过工作培养人

第七十一条"晋升与降格"讨论的主体内容是工作与岗位安排，第七十三条"人力资源开发与培训"讨论的是人才发展与培训，而七十二条非常有特点——跨越人才使用和培养两个领域，把工作安排与人才培养结合在一个点上，考虑通过工作与岗位安排来培养人才。

华为有一个关于人才培养的 721 理论，说一个人的成长与学习 70% 来自于实践，在工作过程中学习成长；20% 来自于向有经验的人学习，所以华为内部建设了导师制度；还有 10% 来是自于课程培训方式的学习，这一点将会在第七十三条谈到。

根据 721 理论，一个员工能力提升最主要的途径就是靠个人工作获得成长，强调"实践出真知"。任正非曾经就说过"将军不是培养出来的，而是打仗打出来的"，这给了员工非常明确的方向，就是要想提高自己，就必须参加战斗，能力提升 70% 都来自于实践，所以必须扑下身子脚踏实地去做工作，"纸上得来终觉浅，绝知此事要躬行"，这个基本逻辑相信大家也是认可的。

但这并不是把企业的责任剥离干净，员工通过工作来提升能力并不是员工自己的事，企业也要负起责任。企业要解决的关键问题是让员工怎样去"打"这个仗，不同的打法得到的培养结果是不一样的，工作安排会对人才梯队产生直接的影响。第七十二条就是基于这样的考虑，所以要把工作安排与人才培养关联起来。

从内容上来说，这一段前三句话对应的是主题词里面的"职务轮换"，后两句话对应的是主题词里面的"专长培养"。职务轮换是让员工在不同岗位上工作，专长培养是让员工专注于同一个岗位，这是两种差异化的用人与育人思路。很明显，企业不可能对员工同时用这两种办法来培养，在企业中，对于不同的人，要用不同的培养方法。

第七十二条的第一句话指明了"职务轮换"的对象是"中高级主管"。这一句话要和第四句话放在一起来看，第四句话说："我们对基层主管、专业人员和操作人员实行岗位相对固定的政策，提倡爱一行，干一行；干一行，专一行。"

这里把华为的员工分为两大类，一类是"中高级主管"，另一类是"基层主管、专业人员和操作人员"，这种分类大致是清晰的。第七十一条"晋升与降格"里面把岗位分成了管理类和专业类两大类型，意思是在管理类岗位里面画一条线，线就在基层主管之上，这条线以上的人要实行职务轮换政策，这条线以下的基层管理者加上全部的专业类员工（专业类员工在这里被表述为专业人员和操作人员），都不执行岗位轮换政策，保持他们的岗位相对固定。

多重价值的职务轮换

在这种区别对待的政策基础上，第七十二条的第二句话进一步解释了职务轮换："没有周边工作经验的人，不能担任部门主管。"

这是确保职务轮换政策得以实施的硬性要求，被提拔到部门主管以上岗位人的，一定要有职务轮换经验，不能只在一个部门体系内直线上升。比如从研发基层员工一步步晋升到组长、部门副主管和主管，这是很多企业常见的干部成长路径，甚至很多领导者是这样一直做到高层管理者的,很多企业的研发总监、营销总监、财务总监和人力资源总监都是只有本系统内工作经验的人。

职务轮换不容易,会带来痛苦,从熟悉的岗位换到一个新的岗位是令人崩溃的。研发人员学的是技术,做了几年技术感觉要努力提升水平的时候,公司却把他调到海外去做销售。在很多公司里,这会直接导致员工离职,员工走的时候还会抱怨老板不会用人,派技术出身的研发人员去做销售,这不是胡来吗?

可是华为就这样做了。2016年,华为派出2 000个由有着15～20年经验的研发干部组成的研发团队去市场一线。他们也会感到痛苦和不适应,但这是企业发展必须经历的过程。

任正非解释过职务轮换的必要性。1998年,在任正非的主题讲话《华为的红旗到底能打多久》中,他解释了第七十二条:"我们有个原则,高中级主管要进行岗位轮换。我们原来有个副总裁,给公司写了一个报告,建议高层领导应一年一换,不然容易形成个人权力圈,造成公司发展不平衡。我们主张没有周边工作经验的人不能当主管,没有基层工作经验的人不能当科长,我们对基层操作人员实行相对固定的政策,提倡爱一行,干一行;干一行,专一行。我们的干部轮换有两种形式:一种是业务轮换,如研发人员去搞中试、生产和服务,只有真正理解什么是商品,才能成为高层资深技术人员,如果没有相关经验,就不能叫资深。因此,资深两字就控制了他,使他要朝这个方向努力。另一种是岗位轮换,让中高级干部的职务发生变动,一是有利公司管理技巧的传播,形成均衡发展;二是有利于优秀干部快速成长。去年我们动员了两百多个硕士到售后服务系统去锻炼。我们是怎样动员的呢?我们说,跨世纪的网络营销专家和技术专家要从现场工程师中选拔,另外,凡是到现场的人工资比中研部高500元。一年后,他们当中有的人分流到各种岗位上去,有的人留下来做了维修专家。有了实践经验后,他们在各种岗位上进步很快,这又推动了新员工投入这种循环。这种技术、业务和管理的循环都把优良的东西带到基层去了。"

任正非的解释代表了他对这件事情的重视程度。这个解释包含了三个方面的意思:第一是避免公司形成个人权力圈,一个人在固定的体系内有太多的个人关系,对公司组织建设非常不利。第二是通过职务轮换带来的内部人员能力提升,让干部有更完整的管理视角。任正非在讲话里说道:"一个高层资深技术人员就必须是懂得中试、生产和服务这些周边业务的技术人员,否则就能力不完整,不能算资深技术。"在华为最常见的场景是技术人员干了几年之后,转为销售人员,直接去业务一线。过程是不舒服的,但是转型之后,有着深厚技术背景的销售人员在与客户沟通的时候,客户会十分认可华为销售人员的专业性,客户会发现华为的销售人员不是来敷衍了事,而是真正来解决问题的。一个有着技术和销售背景的华为员工今后做产品管理的时候,就能同时从技术和市场的角度来理解产品,这样会让产品更有竞争力。一个工作经历不完整的干部,在管理岗位上会存在盲区,这样会伤害企业发展。

任正非解释的第三个方面就是职务轮换会带来内部人员成长的良性循环。未来，华为的员工都会认识到，要想发展和提升就必须去参与职务轮换，这样一来，整个组织的活力与能力就会增强。现在，华为的员工已经不会像国内其他企业的员工那样抵制职务轮换，因为他们都认识到了这件事情的重要性。

美军的经验

职务轮换有一个非常强大的案例，就是美国军队。任正非非常喜欢军旅题材的文艺作品，看的书籍和影片很多是与战争和军旅主题有关。华为也学习了很多美国军队的东西，比如华为学习美国军队建设铁三角组织，学习美军搞"作战记录"，等等。任正非在2015年的时候还通过总裁办电子邮件转发了金一南教授介绍美军经验的文章，题目叫《美军还能打仗吗？》

这篇文章里有一个专门的段落谈职务轮换，和华为的逻辑非常一致，所以任正非特别认可这个文章，文章说，"美军的岗位轮换非常普遍，在一个岗位任职，两年三年就轮换，顶多四年。1997年，我在美国国防大学学习，2001年又去讲学，仅仅间隔两年多时间，机关人员和教员几乎换光。除去几位资深的文职人员，其他人都不认识了。美军有一个理论：如果一件事情熟悉到人闭着眼睛都能去干，那么人剩下的就全是惰性和没有创造力了。对事情越不了解、不熟悉，工作就越小心戒惧，人在这种状态下反而成效更高、更富创造性。在一个岗位一干就是数年甚至小半辈子，在美军看来简直不可想象，而且制度上也不允许。美国军官说，他们军旅生涯的关键词就是'move（移动）'。通过不断的'move'，实现人员的普遍轮换，不但能保持军人的职业新鲜感、活力和创造力，还能有效防止军队内部的惰性和腐败，防止军官在一个单位长期经营，上下级之间产生人身依附关系。美国军队内部之所以很难出现所谓'塌方式腐败'，军官定期轮换机制发挥了关键作用，这正应了中国的那句老话'流水不腐，户枢不蠹'。所以说，军官任用轮换制度，是一项防止腐败、保持军人血性的有效机制。"

金一南教授讲的是美国军队的管理，这个逻辑对企业来说也是一样的。华为的内部报刊《华为人报》设置了一个专栏，叫作"干部循环流动"，不断地发表不同部门的华为干部循环流动的案例，希望员工能从思想上更好地接纳职务轮换，把职务轮换视为一种管理常态。

管理者要有基层工作经验

职务轮换不仅要求管理者有周边工作经验，还要求管理者有基层工作经验。第七十二条的第三句话说："没有基层工作经验的人，不能担任科以上干部。"

科级干部是2000年之前的一种称呼，后来合益公司帮助华为建设了规范化职位体系之后就不再使用这种说法了。这是指华为颁发任命文件的最低一级干部，类似于一般公司的部门经理级别。华为要求科级以上的干部必须要有基层工作经验，不能直接当领导。大多数华为的员工都是从基层做起来的，但是也有少数的干部，比如一些高学历人才，一些社招的有工作经验的人才，他们没有基层工作经验，但是又不能给太低的级别，怎么办呢？面对这样的情况，也只有两种选择：一是去当专家，不做管理者，级别可以高一些；二是当管理者，参加职务轮换，到基层去待一段时间，打几个胜仗，再来当干部，否则就容易出现瞎指挥的现象。这个要求和前面的逻辑是一样的。

专长培养的三层逻辑

职务轮换非常重要，但不是企业唯一的人才使用与培养模式。第七十二条的第三句话提到第二种模式："我们对基层主管、专业人员和操作人员实行岗位相对固定的政策，提倡爱一行，干一行；干一行，专一行。"

对于基层主管及以下的员工，华为主张在相对固定的岗位上培养专长。否则全公司都在轮换，反而会降低一线员工的工作效率，这里提倡一线员工"爱一行，干一行；干一行，专一行"。找一件感兴趣的事情，认认真真干好它。

这里非常有趣的就是"爱一行""干一行"和"专一行"的顺序。最先是"爱一行"，不要选择令自己痛苦的工作内容，要选择自己喜欢的事情，然后才谈"干一行"。如果干的是自己不喜欢的工作，每天早上起来都不想去上班,那"坚持长期好好干"基本上就是一句空话。如果是自己喜欢的工作,哪怕一开始不是很擅长但会有足够的热情,可以在"干一行"之后进一步"专一行",只要专注一行必然就会成为这一行的专家。

这个逻辑很容易被接受,很多刚步入职场的初级员工都想找一个自己喜欢的工作。但值得注意的是,这种想法更加适用于基层员工,在华为的中高层管理队伍里面是不允许有这种思想的。中高层管理者未来的工作并不能自己提前决定,要根据企业经营实际情况不断地调整。中高层管理者的工作内容并不固定,要学会接受不确定性;但基层员工可以保障一定的确定性,以便提高基层工作效率。

华为鼓励基层员工"爱一行,干一行;干一行,专一行"。但并不是发现了自己的职业偏好,爱上某一行后就立刻开始着手去做,在这之前,还要满足一个要求,就是第七十二条最后一句话的内容:"爱一行的基础是要通得过录用考试,已上岗的员工继续爱一行的条件是要经受岗位考核的筛选。"

爱一行的前提条件,是"录用考试"和"岗位考核"。对于一个还没上岗的员工来说,需要通过"录用考试"来证明自己有能力干好这项工作,不能仅仅凭着一腔热情就想让公司把工作交给自己。员工在岗位上做具体的工作,也必须满足工作要求,如果没有通过岗位考核,被淘汰也是理所当然的。

推动人力资源不断增值

原文:第四章第四节第七十三条(人力资源开发与培训)

我们将持续的人力资源开发作为实现人力资源增值目标的重要条件。实行在职培训与脱产培训相结合,自我开发与教育开发相结合的开发形式。

为了评价人力资源开发的效果,要建立人力资源开发投入产出评价体系。

促进人力资源增值:"721"里的"1"

这一条与人力资源"选育用留"里面的"育人"部分高度契合。第七十二条也讨论了"育人"的问题,指通过工作安排来促进员工能力提升,第七十三条单纯谈学的问题,没有"一边工作"的前提。尽管边做边学是华为的主流学习模式,"721"理论认为一个员工的成长与提升，70%来自工作实践，20%来自有经验的人传授，10%来自于培训课堂。第七十二条主要是谈"721"里面的"7"，而第七十三条主要是谈"721"里的"1"，第六十四条里面谈到过"721"里面的"2"，那一条讨论保障员工咨询权的时候，涉及了华为的导师制度，也就是让员工向有经验的导师学习。

第四章第四节的最后两条内容是互补的关系，分别考虑了两个维度的人才资源发展问题。按照"721"理论来说，第七十三条的内容更多是指向10%这个部分，华为不会因为10%的比重不够大而轻视这个部分的内容。相反，华为对这个10%的投入非常大，因为这是"721"理论三个模块里面显性工作最多的部分。

"721"理论最大的意义在于提醒大家不要本末倒置，不要把学校直接搬到企业里面。70%的意义在于引导大家重视实践学习，而实践学习大多数情况下是依靠员工自己在工作过程中"内省"完成的，一边工作，一边琢磨，一边领悟，自己对自己的成长承担责任，这时企业不需要进行过多的干预。公司要认识到人和人是不一样的，同样的工作机会，不同的人获得的成长完全不一样，企业不需要太多的干涉，如果员工无法成长，那么企业就可以换人。

"721"理论里的10%是比重最小的模块，但却是企业可以做很多工作的地方。大多数企业的人力资源部都有专门负责培训的岗位，甚至不少企业的培训预算非常多，在人才发展方面的投入毫不手软。正是因为企业在这方面花了很多钱，做了很多工作，比如有内外部课程、考试、答辩和实习等等，所以很多时候大家把人才成长等同于"721"理论里面的"1"。

我们要辩证地看待这个 10% 的问题，一方面要充分理解人才发展的最主要的成果来自工作实践以及有经验的人引导，从定性的角度来说这两项占了九成的权重；另一方面又要明白，最后这个一成的内容，也就是现在谈的"人力资源开发和培训"方面的工作，恰恰是企业在人才发展领域最能施展拳脚的地方，是企业能够开展工作的沃土，所以华为在这个方面的工作安排是非常积极的，成效也非常显著。

第一句话首先明确了人力资源开发的基本目标是"实现人力资源增值"。《华为基本法》第一章第二节第九条"人力资本"也说："我们强调人力资本不断增值的目标优先于财务资本增值的目标。"很明显，华为认为人力资本的增值比挣钱更重要。所谓人力资本的增值就是指华为员工的能力提升，这是华为竞争力的源泉，其重要性不必再强调，关键是怎么促进人力资源增值。

第七十三条的第一句话给出的方案是"持续的人力资源开发"，持续的人力资源开发是人力资源增值的"重要条件"，不是第一、最大、最强、最好之类的，只是重要条件。以华为这种实在的风格，既然是"重要条件"，就一定会认真对待。

暗藏玄机的分类方式

"持续人力资源开发"具体是指什么呢？第七十三条的第二句话说："实行在职培训与脱产培训相结合，自我开发与教育开发相结合的开发形式。"

这里提出了两组、四个人力资源开发的形式：在职培训、脱产培训、自我开发和教育开发。第一组开发形式包含在职培训和脱产培训。在职培训就是指员工一边工作一边接受培训，培训期间员工的工作正常进行，而脱产培训是专门接受培训，这期间不需要工作。这个意思不难理解，奇怪的是提出的培训的分类方法。华为有着中国企业里面最系统、最庞大的企业培训体系，特别是2005年，华为大学成立之后，更是无人可及。哪怕是在1998年前后，华为的培训内容也非常丰富，有很多种分类方法，比如按照培训对象分类，有新员工培训、基层管理者培训等等，还可以按照培训目标分类或者其他分类方式。

让员工对自己的成长负责

除此之外，这里还有一个小问题，就是华为在用人方面一直强调竞争与选拔机制，整个《华为基本法》第四章的核心理念就是要在内部形成竞争机制,"三公"准则主要就是为了达到这个目的,所以很多人不理解为什么华为这么重视培训工作,甚至任正非也说过"将军不是培养出来的,而是打仗打出来的",既然这样,华为为什么还要组织这么多培训,让员工去"赛马"不就可以了吗?

华为内部也存在这样的困惑,任正非专门解释过这个问题,他说:"选拔与培养本身并不矛盾,并不是说选拔了人才之后就不培训了。那么办中学干什么,办大学干什么,我们的高考不就是选拔制吗?选拔制并不排斥培养。"(引自黄卫伟《任正非:将军不是靠培养出来的,要早点上战场》,2017年)

从任正非的解释能看出,选拔和培养二者并不矛盾,培训是要和选拔结合起来的,是非常必要的。同时,华为认为员工不能等着公司来培训,第七十三条的第二句话后半段里,还有一组人力资源开发方式,就是"自我开发与教育开发相结合"。前面说到"在职培训与脱产培训",都属于"教育开发",员工要经历外部的培训过程,而"自我开发"基本上就是自学。任正非说:"培养不是等待被培养,而是自我培养、自我成长。"(引自黄卫伟《任正非:将军不是靠培养出来的,要早点上战场》,2017年)

所以第二句话的后半段,"自我开发与教育开发相结合",体现出来的是《华为基本法》对员工积极性与主动性的要求。员工不能只想着公司在职或者脱产的培训,要实施自我开发。第五十八条谈公平的时候,里面说:"依靠工作和自学提高自身的素质与能力",并没有谈到培训,这是要让员工对自己的成长承担第一责任,哪怕是第七十三条这样专门谈培训的条款里面,也再一次强调了这个思想,其本质是在强调人力资源开发的责任主体。

第七十三条构筑了两个层次的人力资源发展形式,第一层是自我开发与教育开发,而教育开发又可以分为在职培训和脱产培训。

华为也没落实好的培训评估

第七十三条的第二段,也是第七十三条的最后一句话,继续说:"为了评价人力资源开发的效果,要建立人力资源开发投入产出评价体系。"

要求评价人力资源开发的效果,评价培训的投入产出关系。我们开展培训工作,是对它寄予了很高期望,希望实现人力资源增值,那么做完培训之后看目标实现了多少,这就是培训效果评估。

培训目标评估

要做效果评估,其实首先得做培训目标评估,这是一项非常复杂的工作。大多数非培训专业的人并不知道,"教育目标"本身就是一个独立学科,有"教育目标分类学",这里面有很丰富的理论和实践知识。大体上在20世纪50年代到60年代中期,B.S.布卢姆等人创造了教育目标分类的学科体系。教育目标分类学逐渐被大家重视，诸多学者加入进来对其进行研究，大家认为从学习者的角度来看，教育目标应该包含三大领域：认知领域、情感领域和心理动作领域。培训作为成人教育的重要内容，当然培训目标也越来越强调学习对象在认知、情感与心理动作领域的改变。

这样一来，以学习内容为核心的培训目标就被扬弃了，必须以改变学习对象的认知为核心来讨论培训目标，再也不能是为了让学习者"了解""懂得"某种知识。首先知识分为事实性知识、概念性知识、程序性知识和元认知知识，而学习对象要达到的认知水平得从记忆、理解、运用、分析、评价、创造这些维度来定义，还包括情感领域有接受、反应、价值评价、组织和性格化的维度，以及心理动作领域的单个动作、简单动作技能组合、复杂动作技能组合维度目标也要定义。

所以要得到一个好的"培训目标"没那么容易，以"培训目标"为基础的"培训效果评价"当然就更难得到了。

柯氏评估法

除了"培训效果"之外，还要求建立人力资源开发的投入产出评价体系，不光要谈产出的效果，还要谈投入，要求再一次提高了。

这是一项困难的工作，也是很多企业想做却没做好的工作。华为非常重视这件事情，早期的时候，华为曾经到联想、摩托罗拉和爱立信这些优秀企业去考察他们的培训工作，最重要的是考察他们的培训评价工作。

考察完这些企业后，又请了外部咨询顾问，最后华为发现业界广泛采用的培训评价方法是"柯氏评估法"。"柯氏评估法"把培训评估分为四个层级：

第一层级叫"反应评估"，评估学员的满意程度。比如问听课的人"你还喜欢这个课吗？"，"喜欢这个老师吗？"，"请给老师打个分"之类的。这是为了保障基本的培训效果，但是有很多培训是上课的时候大家特别乐呵，课堂气氛活跃，但上完了发现什么也没学到，所以在这之后，还有第二层级的评估。

第二层级的评估叫"学习评估"，就是要测评学员的学习获得程度。考试基本上是华为培训的标配，目的在于考察学员学到了多少。考试的方式有多种，有笔试、答辩等等。参加培训不是娱乐活动，学员要认真学习，要记笔记，要背书。相比之下，很多企业的培训并不考试，培训基本上等同于娱乐活动，让大家来放松一下，培训当天的内容，过一两周就全忘了，培训效果当然不好。学习评估能够促进学员学好知识、理念层面的东西，但是不确定学员能不能把所学的东西应用到工作中去，所以还要有第三个层面的评估。

第三层的评估叫"行为评估"，就是考察学员的知识运用程度，考察学员学到的东西有没有运用到工作中。这项评估比较复杂，要根据不同的培训来制定不同的方案。如果是操作技能的培训，可能比较好评估，但如果是一个理念或知识性质的培训，就不太好评估。比如关于以客户为中心的培训，很难评估学员行为上是否改变，是否以客户为中心。因为评估标准难以界定，华为削减了很多纯粹理念或知识的培训，无法对学员进行评估，公司就无法得知员工到底有没有学到知识。由此可见，评估反过来也促进了培训的改变，培训内容设计上更加强调学以致用，训战结合，工作中用得到的就多培训，行为上反映不出来的就少培训。虽然不可能把培训全都落实到行动层面，但也推动了一些培训落实到行为。不过就算这样，公司组织员工进行培训是不是值得的，从经济角度来看是不是增值的，还不能定论。所以"柯氏评估法"还有第四个层次。

第四层的评估叫"成果评估"，需要计算此次培训给公司带来了多大的经济效益。比如说公司培训了员工用某种工具的技能，进而提高了产品的质量水平，降低了返工率与残次品比率，然后把这种改变折算成经济效益，这就是第四个层次的成果评估。如果把这次培训创造的经济效益除以这次培训的投入，就能得到这次培训的投入产出比，这就是第七十三条最终要实现的目标。因为第七十三条最后一句话说的是："要建立人力资源开发投入产出评价体系"

显然，"柯氏评估法"的四个层次是逻辑完整，层层递进的。如果建立起了培训的投入产出评价体系，就达到了柯氏评估法的最高层次。

折中的办法

不幸的是,大多数情况下培训都没法实现第四个层次的评估。即使在华为,绝大多数的培训都没办法计算出最终的经济效益,这太难了。不是华为做不到,而是世界很少有企业能做到,只有少数非常特别的培训有可能做到,像某种比较封闭的专业技能培训,或许能评价培训的经济利益。大多数情况下,评估培训的经济利益是管理领域没有解决的世界难题。所以第七十三条最后"要建立人力资源开发投入产出评价体系"的目标还没有实现,因为这个要求直接指向了柯氏评估法的第四层评估。

实在没有别的办法,华为只能简化这个评估,很多情况下,是由培训的发起人——在华为叫"赞助人"(sponsor),也就是培训的最终预算负责人,一般是公司的高层管理者,来对这次培训进行一次主观评价,如果培训的赞助人觉得满意,那么培训的效果也就实现了。相比"柯氏评估法"的第四层,这种操作就容易得多。

不求最科学,只求实用有效

在不能精确计算培训经济效果的情况下,只能大致计算投入产出也可以。所以,同等情况下,投入越小越好。在华为看来,培训投入的最大成本不是讲师授课费、场地费、教材费等,最大的投入往往是员工的时间成本。这时候在职培训和脱产培训的差别就显现出来了,能够采用在职培训,就尽可能不采用脱产培训;能够采用自我开发方式,就不采用教育开发。这就回答了前面留下的问题,为什么在第二句话中提到华为采用的培训分类方式是在职培训与脱产培训,自我开发与教育开发相结合,因为这对培训的投入产出影响巨大。基于这样的考虑,华为建设了庞大的网络课程体系,开放学习过程,收紧培训考试考核,员工可以根据自己的学习目标自主地安排学习,这样一来公司的培训对公司业务的影响会减小,最终的培训投入产出比会比较好。

在这一点上,华为有特别强的效果导向和投入产出导向。例如,华为想提升基层管理者的管理能力,于是就开始开发培训体系,为了提高这个培训体系的质量,请了 IBM 的顾问来做老师,花 1 000万人民币导入了一个基础管理能力发展系统(Manpower Data System,简称 MDS)。该系统组合了很多不同形式的学习与考核方法,一个基层管理者要花 13 周,大约三个月来完成这个培训。但这个昂贵的体系在执行了两个批次的培训任务,也就是运转了半年时间之后,便被放弃了,1 000 万就这样打水漂了。为什么要放弃这么精良的体系呢?因为这个体系过于规范,基层管理者执行起来非常累,很多脱产培训在这个体系里,学员会因为培训而影响业务开展。后来华为提出了一个自己修改的简化版本,把大多数的培训课程都改为自学,在一个半年左右的自学期之后,学员参加学习答辩。华为严格控制学员答辩的质量,但学习过程就依靠学员自觉。这种情况下,华为的整个培训体系虽然不如 IBM 设计的 MDS 体系规范、严密，但是培训效果和投入产出都得到了有效保障。

这个例子还可以作为大家学习华为时的指导，华为在学习IBM的时候不求最规范、最科学，只求最实用、最有效，我们在学习华为的时候也不需要学得特别规范、特别专业，只需要追求管理改善有成效，在培训工作中培训效果和投入产出这两个方面能够满足赞助人的要求就足够了。

07

接班人的选择与培养

"接班人与基本法修改"是《华为基本法》的"尾声",讨论了两个关于华为未来的重要话题：一是人,二是思想。思想是指基本法的修订,人就是指"接班人"。本章将分析华为如何在长久经营的视角下,确保长期的优秀领军人才供应,同时一代一代的华为人还能够持续努力,持续奋斗。

对接班人的要求

原文：第六章第一百零一条（对接班人的要求）

进贤与尽力是领袖与模范的区别。只有进贤和不断培养接班人的人，才能成为领袖，成为公司各级职务的接班人。

高、中级干部任职资格的最重要一条就是能否举荐和培养出合格的接班人。不能培养出合格的接班人的领导，在下一轮任期时应该主动引退。仅仅使自己优秀是不够的，还必须使自己的接班人更优秀。

要制度化地防止第三代、第四代及以后的公司接班人腐化、自私和得过且过。当高层领导人中有人利用职权牟取私利时，说明公司的干部选拔制度和管理出现了严重问题，如果只是就事论事，而不从制度上寻找根源，那公司距离"死亡"已经不远了。

领袖与模范的区别

"进贤与尽力是领袖与模范的区别"。进贤就是举荐贤人，推荐优秀人才，尽力是指用尽自己的力量，表示非常努力。简单一句话，十几个字，却是《华为基本法》的灵魂。

如果组织企业家和高管一起讨论一个话题，即一家企业对本公司的接班人应该提些什么要求？答案很可能是一个清单，大家会提出一系列的要求，比如要与公司价值观一致，要有成功的业绩，懂得带团队……

而第一百零一条在主题词里面给出了一个这么大的问题之后，答案却是第一句话这十几个字，后面的话语都是对第一句话的解释。

与儒家经典共通

《华为基本法》里面的思想大部分来自西方现代管理科学，而关于接班人的思想却是来自我国传统文化。儒家经典《孔子家语》，第十三篇《贤君》里面记录了这样一个故事：

子贡问孔子："现在的大臣中，谁最贤德呢？"

孔子说："我还不清楚。从前，齐国有个鲍叔牙，郑国有个子皮，他们是贤人。"

子贡说："那么齐国贤人中没有管仲，郑国贤人中没有子产吗？"

孔子说:"子贡啊,你只知其一,不知其二,我问你是进贤算贤人,还是用力算贤人呢?"子贡被孔子启发了,立刻回答:"进贤为贤。"意思是能够举荐人才的人是贤人。孔子继续说:"是的。我只听说过鲍叔牙推荐了管仲,听说过子皮推荐了子产,没有听说过管仲、子产推荐了什么贤人。"

历史上,管仲辅佐齐桓公成为春秋五霸之首,子产先后辅佐郑简公、郑定公,大大提高了郑国的实力。但孔子却不说他们是贤人,子贡当然就要问孔子,为什么管仲和子产不能算贤人。在孔子的逻辑里面管仲和子产之所以不如鲍叔牙和子皮,最大的差异就在于进贤。

《华为基本法》说"进贤与尽力是领袖与模范的区别"就借鉴了《孔子家语》第十三篇里面的内容,无非是《孔子家语》里面叫"进贤"与"用力",《华为基本法》里面叫"进贤"与"尽力",把"用力"改为了"尽力",更加符合现代汉语的表述习惯。

进贤是对领袖提要求,不是对模范提要求。因为尽力也不容易,子贡一开始就认为管仲和子产也应该算贤人。作为一个模范,子贡和子产都是尽力了的,但是并不能称为领袖。

模范不一定是领袖

领袖和模范的区别在哪里?简单来说,领袖是能够领导别人,能够驱动别人的人,而模范是自身能力很强的人。比如说张飞属于模范,个人本领出众;刘备属于领袖,他能聚集一帮能人巧匠。

对接班人提要求的时候，首先要明确区分领袖和模范，公司找接班人是要找领袖，然后再提要求。

看到这句话，很多管理者，或者很多模范型老板，要出冷汗了。

有些老板各方方面面都很优秀，比如是公司最大的销售人员，给公司带来很大营业额；也是公司最大的产品经理，公司最成功的产品由他负责；是公司最重要的采购人员，公司最大宗的采购都是通过他联系的，而且还是公司最大的公共关系者，亲自维系最重要的公共关系。这样的老板很多方面都非常优秀，而且非常勤奋，早上员工还没有到公司上班，他已经到办公室很久了，而且晚上加班到半夜，这就是模范。

模范和领袖的差别是什么呢？一个不是领袖的模范，他的能力有多强，事业就能做多大，但是当事业版图超过他的能力边界时，业务就不可能再发展了。人的能力边界差异很大，比如乔布斯就算是一个天才级别的模范，作为百年一遇的产品经理，仅仅凭一己之力就能够颠覆诺基亚、摩托罗拉在当时创造的市场销售神话，但他去世后，苹果公司就失去了灵魂。乔布斯这样的模范是可遇不可求的，企业发展不能指望天才不断地出现。如果自己不是，也找不到乔布斯这样的天才来当模范，那么企业要想实现《华为基本法》第一句话中的追求，"使我们成为世界级领先企业"，就必须依赖领袖。

一般来说，模范不一定是领袖，而领袖在大多数情况下是模范，因为如果自身能力不够也无法领导其他人。华为要求自己的接班人一定要是领袖,领袖可以聚集他人的力量,关键是能够聚集能力出众的人,聚集最优秀的人,特别是能够超越领袖本身的人,这样公司就拥有了一了支强大的队伍去战斗。

什么都可以不懂的任正非

2019年的9月23日,德国电视台采访任正非,记者问任正非的第一个问题是:"任先生,您被视为中国的乔布斯,华为在中国被视为一个伟大的企业,怎么做到的?"

任正非回答:"第一,我不是乔布斯,因为乔布斯对人类贡献非常大,他创造了移动互联网,而且他在哲学上追求完美。我没有特别精湛的技术,只是提了一桶'糨糊'把18万员工粘起来一起奋斗,他们奋斗出来的成绩就扣在了我头上。我在哲学上信奉灰度,信奉妥协,'白'与'黑'之间有一个妥协是灰度。乔布斯是追求极致的,我们两个性格上很多不一样。我没有他那么伟大,所以不能叫乔布斯,这不是谦虚,是真心不认为自己伟大。"

任正非这一段话非常谦虚,这段自谦的话,放在第一百零一条的语境下,是一种自我炫耀,自我标榜。因为任正非有能力做出黏合大家的糨糊来,哪怕他本人没有精湛的技术也没关系,并不会影响华为成为"世界级领先企业"。

2019年的4月在接受美国记者采访的时候,任正非说过大意相同的话。任正非对自己的定位是领袖,所以他可以不是某个具体领域的高手,因为那不是他的目标。他的追求是"使华为成为世界一流的设备供应商",作为华为的领袖,他做到了。

意外的是,任正非直白地告诉了全世界他是如何做到的——提一桶糨糊把一大群的优秀人才黏在华为。这个成功经验要让华为的接班人继承,接班人需要找到优秀的人才,团结他们,这不仅合情合理,而且是情非得已,这是对接班人的要求。领袖的第一要求就是"进贤",如果没有贤人进入公司,"糨糊"也就无人可"黏"。并不仅仅因为孔子说到"领袖进贤"的重要性华为才这么做,根本原因是华为自身认识了到"进贤"的重要性。

所以,第一段里面的第二句话进一步强调了这个逻辑:"只有进贤和不断培养接班人的人,才能成为领袖,成为公司各级职务的接班人。"

培养接班人的重要性

第二句话更加深入,除了举荐优秀人才之外,还要求不断培养接班人。意思是该员工现在还不是贤人,不属于要举荐的优秀人才,但他是一个好苗子,那么公司就要去培养他成为贤人,这样的人才能成为领袖。

值得注意的是第二句话最后说:"成为公司各级职务的接班人。"也就是说,华为重视和培养的接班人是一支庞大的接班人队伍,是公司各级职务的接班人。

07 接班人的选择与培养

进贤的要求是面向公司各级领导者的，华为认为只依靠少数最高层的管理者来进贤是不够的，公司各级职务的领导者都是领袖，都要进贤，这样华为公司才会出现人才济济的场景。

处在快速发展中的企业，非常渴望优秀人才。1998年的华为正在经历不可思议的增长，从1992年1个多亿的收入，七八年间增长了60倍，1998年实现60亿收入。这种增长速度也使得华为公司的人才队伍被严重稀释，华为公司对"进贤"的渴望，就像沙漠中的人渴望得到水。

任职资格中的最重要一条

第一百零一条的第二段进一步强调了进贤的要求。首先："高、中级干部任职资格的最重要一条就是能否举荐和培养出合格的接班人。"

这句话提到了一个非常重要的配套举措，从而将进贤从一个理念要求转变成一个机制保障。任职资格直接影响员工能被聘用到什么级别的岗位，还会直接影响员工能拿到什么级别的工资，是与员工的前途和薪资紧密关联的。一个高级或者中级干部，如果不能清楚说出举荐了谁，培养了谁，那么他的任职资格就不能通过评审。这时候，进贤就成为在华为公司发展的硬指标。

下一轮任期主动引退

并且华为要求"不能培养接班人的领导，在下一轮任期时应该主动引退"。上文谈任职资格的时候提到，如果领导不进贤，不培养接班人，那么就不能被提拔，不能向更高的级别发展。这句话要求领导，如果不培养接班人，下一任期时应主动引退。两个机制上下夹击的情况下，所有不能进贤的干部，所有只是自己尽力的干部，都被刷下来了。华为就是通过这样的机制来强调领导"仅仅使自己优秀是不够的，还必须使自己的接班人更优秀"。

只顾自己优秀的领导是不能任高、中级干部的，自身也不能成为公司各级职务的接班人，因为公司需要的是领袖。

避免惰怠、对抗熵增

华为对接班人的第一要求是进贤与培养接班人，第二个要求是"要制度化地防止第三代、第四代及以后的公司接班人腐化、自私和得过且过"。这句话非常有艺术性，不仅是给接班人提要求，也是给公司机制建设提要求。

将句子简化，就是要求接班人不能腐化、自私和得过且过。这是华为在1998年的表述方法，后来常用的词语就叫"惰怠"，腐化、自私和得过且过就是惰怠，这是华为不能接受的。

2019年12月，任正非把八年前徐直军在一次干部大会上的讲话稿作为总裁办电子邮件，再次转发给全员，这个讲话的主题就叫"谈管理者的惰怠行为"，提出了华为要与之斗争的18种惰怠行为。

任正非说："没有什么能阻挡我们前进的步伐，唯有我们内部的惰怠与腐败。要杜绝腐败，惰怠就是一种最广泛、最有害的腐败，人人皆有可能为之，不要以为与己无关。置公司于死地的就是这种成功以后的惰怠。"（引自《华为人报》第 344 期《华为眼中管理者的 18 种惰怠行为》，2019 年）

这种思想在任正非的脑海中是一以贯之的，华为在 1998 年的表述中不允许接班人腐化、自私和得过且过，到现在叫惰怠，叫熵增，都是一回事。

要在制度层面找问题

不允许接班人腐化、自私和得过且过，很容易理解。但为什么是向第三代、第四代及以后的接班人提要求呢？

因为第一代不叫接班人，叫创业者，第二代也还在任正非的监督下开展工作，但今后不可能一直靠任正非来监督，而要靠制度来控制。第三代、第四代及以后的接班人，不能只是口头上答应不会腐化、自私和得过且过，在这个问题上，制度就成为关键。

如果高层领导以权谋私，不能简单地把问题归到他个人身上，说他思想腐化，自甘堕落，然后和他划清界限，将他扫地出门。想要保持组织的纯洁性，这样做远远不够。高层管理者出现以权谋私的问题，就是一种组织机制障碍的症状，必须去发掘制度层面的问题。

假如真的出了高管以权谋私的问题，"就说明我们公司的干部选拔制度和管理出现了严重问题"，那么就应该从干部选拔制度与管理制度去反思并寻找解决方法。

最高领导者接班人的风险

对华为公司的绝大多数不同层级的接班人而言，干部选拔和管理的制度都能发挥作用，如果说存在一个缺口的话，那就是最高管理层。

华为成立至今，任正非一直都是公司灵魂人物，在公司内具有超乎一般的影响力，所以华为最高层管理团队的人员选拔、管理都离不开任正非的干预。

事实上，这也是华为最大的风险。华为还没有经历过后任正非时代的接班人更替，所以华为并不能保证已经建立好了能够防止第三代、第四代及以后的公司接班人腐化、自私和得过且过的制度。目前，这些制度还没有被验证过，任正非还在盯着这些高管。

2019年9月10日，任正非接受《经济学人》采访的时候说："我会在我思维跟不上的时候退休的，我现在还是才思泉涌的状态，再待几天吧！"意味着短期内他还不会退休，那么华为也就有更长的时间来完善这个接班人的选拔和管理机制，也许这会是任正非退休前的重点工作内容。

接班人如何产生

原文：第六章第一百零二条（接班人的产生）

华为公司的接班人是在集体奋斗中从员工和各级干部中自然产生的领袖。

公司高速成长中的挑战性机会，以及公司的民主决策制度和集体奋斗文化，为领袖人才的脱颖而出创造了条件，各级委员会和各级部门首长办公会议，既是公司高层民主生活制度的具体形式，也是培养接班人的温床。要在实践中培养人、选拔人和检验人。要警惕不会做事却会处事的人受到重用。

我们要坚定不移地向第一、二代创业者学习。学习他们在思想上的艰苦奋斗精神，勇于向未知领域探索；学习他们的团队精神和坦荡的胸怀，坚持和不断完善我们公正合理的价值评价体系；学习他们强烈的进取精神和责任意识，勇于以高目标要求和鞭策自己；学习他们实事求是的精神，既具有哲学、社会学和历史学的眼界，又具有一丝不苟的工作态度。走向世界，实现我们的使命，是华为一代一代接班人矢志不渝的任务。

接班人产生的基本逻辑

第一百零二条开篇短短的第一句话，提出了华为接班人产生的基本逻辑，包含三个核心点：在集体奋斗中，从员工和各级干部中，自然产生领袖。

接班人是自然产生的

接班人是如何产生的呢？第一句话里面有四个字，是这一句话的灵魂，叫"自然产生"。所谓自然产生，意思是不依赖人的力量得来，就好比果园中长的特别大的苹果，为什么它是最红最大的一个？因为这是自然产生的。到果园里面指定一个苹果，要求它长成最红最大的一个果实，这不现实。等到秋天苹果都成熟了，看哪一个最大，它就是最大的。上文说领袖是自然形成的，道理与之相同。作为接班人的领袖是自然产生的，非人为制造的，不要想着去指定哪一个苹果长最大，而是要等着它自然而然地长出来。从底层逻辑上来说，这和海尔提倡的"赛马机制"有些相似——领头的人不是指定的。

指定的人也许最后不会成才，而被淘汰的人最后可能会成为领袖。比如任正非自己，就是被社会淘汰过一次的人，他当初被国企解聘，欠一屁股债，一无所有，但是现在的他成了世界级商业领袖，他是典型的自然产生的领袖。

接班人来自内部

华为领袖产生的机制是自然产生，不过这个自然产生是有范围的，是在员工和各级干部中自然产生的。第一百零一条里面谈到接班人是指"成为公司各级职务的接班人"，华为公司的接班人将来自公司员工和各级干部，不来自于企业外部。

从外部空降领导人是很多企业常见的做法，包括世界500强企业，但是华为不这样做。并不是说华为不接纳外部优秀人才，但更倾向于在公司内部的员工与干部队伍里面自然产生领袖。

2019年8月20日，美联社采访任正非，记者问了一个精心准备的问题："国外有一些人对华为比较挑剔，说华为这个公司到底是谁控制的？谁在华为拥有决策权？我们现在看到，华为组织最上面这一层董事会、CEO(首席执行官)都是中国人，华为有没有考虑在董事会引入外籍员工，或者任命一个外籍员工担任公司的CEO，从而进一步赢得外国的信任？如果这不在您的考虑范围内，那您为什么不考虑？"

这个问题直指华为选择接班人的标准和范围，任正非不回避地说："首先，外籍员工必须要具备这个能力；第二，外籍员工必须在华为公司工作25年，从基层一层层升上来，才能了解整个公司的结构。有些西方公司CEO像'走马灯'一样换，换几次，这个公司就没有了。因为这个CEO不了解基层实际情况，以为喝喝红酒、谈谈哲学就能领导公司。我们有些国家代表和产品线主管已经是外籍员工，大量高级专家和Fellow（同事）是外籍员工。当然也欢迎你们给我们推荐CEO、董事长人选，可以先派遣到非洲去，到科摩罗岛上去'一人一厨一狗'地锻炼，再到有些地方进行技术锻炼，完全知晓华为业务，将来也有可能上来。为什么现在很多西方公司搞不好？因为西方公司董事会是到处选人，选的这个人很厉害，来了到处拿杠杆撬一撬，把产品放大了很多，卖不出去就降低价格，可能就把公司卖死了。所以，我们强调领袖在内部选拔，包括3万外籍员工，也在选拔之列。"

这段话再次肯定了华为接班人来自内部的理念。

接班人产生的土壤：集体奋斗

"华为公司的接班人是在集体奋斗中从员工和各级干部中自然产生的领袖。"既然接班人是自然产生的，还是从内部员工与各级干部里面来的，为什么还要强调"在集体奋斗中"呢？

这是在强调接班人自然产生的土壤问题。接班人是华为员工与各级干部里面出类拔萃的人，而优秀的人之所以优秀，是他比一般人能力强，业绩好。比如柳传志对于接班人的选择，曾经说："选接班人就像选太太，要符合两点，一要漂亮，二要爱我。漂亮，意味着能力超群，是谓有才；爱我，意味着认同企业文化和创业领袖，是谓有德。"

拿选太太来类比选择接班人是非常生动的表述，二者的选择都是高标准。差别就是，选太太只要选一个，而且选来就只要我自己喜欢就行了，但是接班人不一样，是"公司各级职务的接班人"，是一条队伍。最终目的是让这个接班人队伍能带领一支更大的队伍去获取市场竞争的胜利。

接班人与太太的差别就在于，接班人必须是团队属性的。"在集体奋斗中"自然产生领袖，强调了集体奋斗，只有在集体奋斗的土壤里面，才能产生一支接班人队伍，才能让这支队伍带领更大的队伍。反过来说，单打独斗是华为不能接受的，孤胆英雄式的人物，单枪匹马的英雄不是华为要选的接班人，哪怕他能力很强，公司可以利用他的能力，可以给他很高职务和报酬，但是不能把他选为接班人。

接班人脱颖而出需要什么条件

既然接班人是自然产生的，除了耐心等待，企业还能做些什么呢？哪怕这些接班人就像是土壤里面冒出来的绿芽一样，会自然产生，如果让土壤的养料、水分、温度更加合适一点，是不是发芽也会快一点、多一点呢？

所以第一百零二条的第二段话就开始讨论"在集体奋斗中从员工和各级干部中自然产生领袖"的理念之下，公司还需要做些什么。

公司高速成长中的挑战性机会

公司要高速成长，不断出现挑战性机会，否则领袖人才就不容易脱颖而出。所谓"一将成名万骨枯"，战争年代往往将军多。如二战期间出现了无数军事领袖，而和平时代往往很少出现著名将军。公司也一样，如果没有以快速发展为基础的挑战性机会，那么领袖人才就没办法"冒"出来，领袖需要业绩来证明。

公司的民主决策制度

民主决策才需要有领袖的出现，完全独裁的制度下，只需要执行者，各级领袖没有存在的空间。很多企业老板很强，干什么都行，但是公司里一个强的人都没有。这种问题是因为公司没有民主决策的制度，公司老板实行"一言堂"，员工没有发言的权力。

集体奋斗文化

在任正非看来，不能集体奋斗的人是无法成为领袖的。任正非讲了一段话："每个人的个性和才干必须在集体奋斗中得到充分发挥，强调集体奋斗，也给个人一个发挥才能的平台。……我们的研究课题全部是瞄准世界尖端技术的。我们的竞争伙伴都是数千人搞软件，是群体行为，如果我们不集体奋斗，根本就赶不上，任何个别人是不可能达到目标的。另外，我们强调的集体奋斗，与人类发展的历史,与发达国家的成功经验,与中华民族的群体文化传统是相吻合的,是可行的。当然,不可避免地会有些人不愿集体奋斗,这在我们公司是行不通的。我们会坚决把他打下去,让多数人去改造他,直到他愿意在这个集体中团结协作。特别是大公司,先进技术一定要营造这种气氛。"

从中能看出来,集体奋斗不仅是华为接班人产生的基本前提,这种企业文化也是接班人脱颖而出的重要条件。

会议是培养接班人的温床

机会和文化更多依靠公司最高层来推动,制度与每一级管理者的日常工作联系紧密。

"各级委员会和各级部门首长办公会议,既是公司高层民主生活制度的具体形式,也是培养接班人的温床。"在《华为基本法》第三章第三节第五十三条"决策制度"里面对"各级委员会和各级部门首长办公会议"有非常细致的描述,而在这里强调的是华为核心决策制度所具有的民主决策特性,这个特性让高层委员会与部门首长办公会不仅能够产出优秀决策,还能产出一个优质副产品,就是优秀接班人。

为什么会议会成为华为培养接班人的温床呢?因为华为倡导"在实践中培养人、选拔人和检验人"。而高层委员会和首长办公会就是很好的培养人和选拔人的地方。员工在会议上说了什么,是不是有独特见解,是不是有思想深度,是不是切实可行,这都可以作为公司选拔人才的依据。

2006年开始,任正非开始安排一些主管列席EMT会议。当时有一个主管被邀请列席了EMT会议,开完会后他表示很荣幸能够列席,在会议中不仅拓宽了个人的视野,还了解到了一些公司未来的发展方向和规划,对自己今后的工作及思考方式都很有启发。

可见,这种会议对于培养接班人是有显著价值的。在集体奋斗中,从员工与各级干部中自然产生领袖,并不代表完全不干预这个过程。强调"自然产生"是因为华为希望把这个成长动力安置到员工与各级干部的内心当中去,公司还是会积极地创造接班人的成长环境,通过创造成长条件来培养人,然后也会主动选拔人,之后再进一步检验人。

既然是选拔人,就有选拔错的风险。所以"要警惕不会做事却会处事的人受到重用"。这是华为各级领袖在选拔接班人的时候,要特别注意的风险。

俄国作家契科夫的短篇小说《变色龙》里虚伪逢迎、见风使舵的巡警奥楚蔑洛夫,就属于会处世不会做事的人。华为担心公司里面重用了这种圆滑处事却不会做事情的人,如果各级职务的接班人都是这样的人,企业垮掉是迟早的事。

接班人要向创业者学习

讨论完了接班人产生的基本逻辑和条件,第三段突然话锋一转,用了一个全新的角度来展开进一步讨论。

"我们要坚定不移地向第一、二代创业者学习。"要注意"第一、二代创业者"不是指当时以任正非为核心的华为管理团队成员，而应该理解为"第三代、第四代及以后的公司接班人"。整个第三段都是以"第三代、第四代及以后的公司接班人"为第一人称来写作的，这与第一百零二条的前两段完全不一样，通过这样的一种独特表达方式来对"第三代、第四代及以后的公司接班人"提出要求和期望。

对接班人队伍提出的学习要求是最关键的内容，层面比较高。四个学习要求的关键词包括"精神""胸怀""意识""眼界""态度"，这已经都脱离了"术"的层面，进入"道"的级别了。具体的东西，学起来路径清晰，而重要或抽象的东西，边界和标准都不确定，所以很难学习，甚至就靠学习者自己去"悟"了。

对"道"的学习和领悟是一个持续过程，各级干部要在日常工作和生活中不断精进。华为公司对这个学习过程十分关心。2010年12月，华为大学设立了"高级干部管理研讨项目"，简称"高研班"。华为设立高研班的初衷不是传授具体的方法、工具、政策、制度，强调学习华为公司的哲学、理念、价值观。和华为大学一般的学习项目不一样，高研班只招收18级以上的干部学员，不经过高研班学习就不能继续提拔，在7~9天的集中学习时间里如果学员请事假，要扣工资，同时每个学员还要自费交2万元的学费。这些看起来不可思议的举措，就是为了强化华为接班人队伍的自主学习意识，让接班人认识到学习提高是自己的责任。

高研班首先是理论自学，学习材料以公司文件为主，其中包含三部已经公开出版的华为管理大纲：《以奋斗者为本》《以客户为中心》和《以价值为纲》。

自学之后，到华为大学集中学习，这个阶段没有老师上课，而是大家研讨，学得好不好，完全看学员的参与程度。2017年2月24日，任正非在高研班和战略预备队汇报会上说："对于高研班教学，我们不是要去组织编写一本教材，最主要是确定目标和大提纲。可以提供一些参考性资料，列出资料的清单目录，学员也可以自己上网搜索。然后分组讨论，各组讨论的内容不同，那就是生动活泼。我们不能保证人人学得一模一样，也不能保证人人都得到一模一样的培养，获得一模一样的结果……我们不指望公司所有人在哲学上都明白。对于三个纲要，应该是自发学习，而不是强迫性学习。因为三个纲要难学，虽然发行了几十万册，但绝大多数人可能都是浅尝辄止，公司内真正读完的人应该不到1%。所以，不是所有人都能理解，能理解的人悟出'道'就成为领袖，领悟不出'道'就是战士……"

可见，高研班并不对具体某个学员的学习结果负责，华为也不保证任何人能够成长为接班人。回到第一百零二条的最开头的表述，接班人是自然产生的领袖，向第一、二代创业者学习是领袖成长道路上不可回避的个人修炼。

后 记

席卷全国的学华为热潮，我也卷入其中。

每读任正非的讲话、文章，总会瞬间有种醍醐灌顶的感觉，以前读德鲁克著作的时候，也是这种感觉。特别是 20 多年前任正非携人民大学教授所写的《华为基本法》，我看完并细思之后，深受震撼，如获至宝，因为我从中体会到了任正非经营思想饱含的系统知识和通透人性，内心的激动难以抑制。

我在做咨询工作的过程中，发现不同企业千差万别，问题五花八门，而《华为基本法》其实蕴含了系统性解决这些问题的思路与方案。于是我便不断推荐企业的经理人学习《华为基本法》，但是绝大多数人都表示没空读，能够理解与运用的人就更少了。也有人说这个文件太枯燥了，读起来费劲。

网络社会，人们高效地利用碎片时间学习，因此我便尝试着通过语音节目的方式解读《华为基本法》，得到了数百万次的点击，很多朋友听完都觉得通过这样的方式能够很好地吸收华为管理思想。正是诸多华为管理的共同学习者，鼓励着我完成了 105 期的音频节目录制，这便有了本书的前身。